TRENDS UND LIFESTYLE

CHIEMGAU

PETRA WAGNER · DANIEL SCHVARCZ

TRENDS UND LIFESTYLE

CHIEMGAU

PETRA WAGNER · DANIEL SCHVARCZ

Petra Mitterer „Rehgentin“

Inhalt

Chiemgau

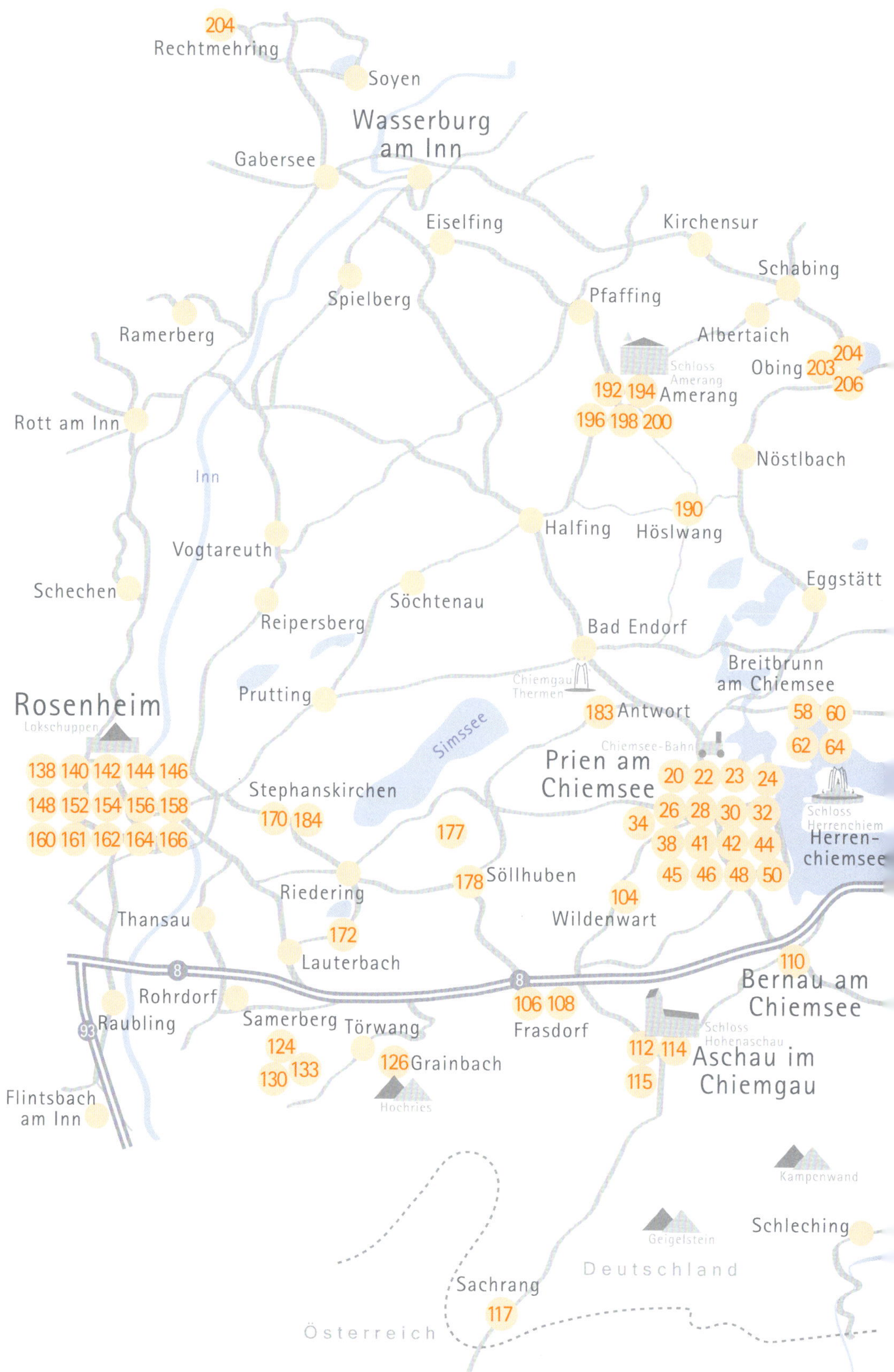
204 Rechtmehring
Soyen
Wasserburg am Inn
Gabersee
Eiselfing
Kirchensur
Schabing
Spielberg
Pfaffing
Ramerberg
Albertaich
Schloss Amerang
Obing 203 204 206
192 194 Amerang
196 198 200
Rott am Inn
Nöstlbach
Inn
190 Höslwang
Halfing
Vogtareuth
Schechen
Eggstätt
Söchtenau
Reipersberg
Bad Endorf
Breitbrunn am Chiemsee
Chiemgau Thermen
Rosenheim
Lokschuppen
Prutting
183 Antwort
58 60
62 64
Simssee
Chiemsee-Bahn
Prien am Chiemsee
20 22 23 24
26 28 30 32
34
38 41 42 44
45 46 48 50
Schloss Herrenchiemsee
Herren-chiemsee
138 140 142 144 146
148 152 154 156 158
160 161 162 164 166
Stephanskirchen
170 184
177
178 Söllhuben
Riedering
104 Wildenwart
Thansau
172 Lauterbach
110 Bernau am Chiemsee
8
Rohrdorf
Raubling
93
Samerberg
124
130 133
Törwang
126 Grainbach
Hochries
106 108 Frasdorf
Schloss Hohenaschau
112 114 Aschau im Chiemgau
115
Flintsbach am Inn
Kampenwand
Geigelstein
Schleching
Deutschland
Sachrang
117
Österreich

Die angegebenen Zahlen 52 sind identisch mit den Seitenzahlen der einzelnen Betriebe in diesem Buch und bezeichnen ihre Lage in der Region.

Vorwort

Der Chiemgau stellt für mich seit geraumer Zeit eine ganz besondere Region dar – so kam es nicht von ungefähr, dass er zu meiner neuen Heimat wurde. Schnell bin ich seinen Reizen erlegen, die ich mit jeder Publikation auch ein Stück weit mir erklären will. Denn er verfügt nicht nur über eine ungemein bezaubernde Landschaft, sondern auch über ausnehmend wunderbare Menschen, die mir in ihrer herzlichen und authentischen, trotz aller Traditionsliebe aber auch äußerst innovativen und aufgeschlossenen Art sehr ans Herz gewachsen sind.

Auch mit ein wenig Stolz, hier unter ihnen verweilen zu dürfen, möchte ich mit diesem Buch das Augenmerk auf sie und ihre Ideen und Visionen lenken, die sie in bemerkenswerter Weise – und ohne je die Bodenhaftung zu verlieren – umsetzen. So fahren sie in ihren Küchen zu Höchstleistungen auf oder tüfteln in ihren Stubn gewieft Novitäten aus; so begeben sie sich auf neue Wege, ohne dabei auf die angestammten Traditionen zu verzichten; so interpretieren sie ihre allseits geliebte bayerische Wirtshauskultur neu, ohne dabei ihre Wurzeln zu ignorieren – und setzen damit neue Richtlinien und Trends.

All ihnen soll dieses Buch gewidmet sein – damit auch jene, die den Chiemgau, seine Traditionen und Visionäre noch nicht – oder nicht so – kennen, bemerken, was für außergewöhnliche Menschen die Chiemgauer sind.

Chiemgau – Quell der Inspiration

Von Gstadt zur Fraueninsel

Dem Chiemgau haftet seit jeher etwas Inspirierendes, ja beinahe „Magisches" an – das von der einzigartigen landschaftlichen Anmut der Region ausgeht, die neben der traumhaften Kulisse des Chiemsees mit seinen umrahmenden Bergen auch mit sanften Hügeln, blühenden Wiesen und plätschernden Gebirgsbächen reich bestückt ist. Das faszinierende Zusammenspiel der Chiemgauer Alpen mit dem Chiemsee lässt ein stetig wechselndes Szenario entstehen, das mit Licht und Schatten, Wind und Wolken sowie Sturm und Wellen spielt und dabei stets gewaltige und von Wucht geprägte sowie auch stille und besinnliche Momente entstehen lässt: Mal sind die Berge zum Greifen nah, dann wieder von Wolken und Nebel gespenstisch umhüllt; mal ruht der See in friedlicher Idylle, dann wieder spült er wild tobend und aufgewühlt seine Wellen an Land – alles Augenblicke, die nicht nur Künstler und Intellektuelle inspirieren, sondern auch die prominenten wie einheimischen Gäste stets aufs Neue in ihren Bann ziehen.
Ungeachtet dessen entdeckt man auf diesem kleinen beschaulichen Fleckchen Erde eine ungewöhnliche wie grandiose Ansammlung von Besonderheiten, die gegensätzlicher nicht sein könnten. So liegt die Herreninsel mit ihrem einzigartigen, von König Ludwig II. erbauten pompösen Schloss Herrenchiemsee gleich neben der von Stille und Besinnung geprägten Fraueninsel. Die Weite des Chiemsees findet ihren schützenden Halt in den imposanten Bergen der Chiemgauer Alpen. Die Ufer des Sees präsentieren sich mal romantisch, von Schilf gerahmt, dann wieder mit großzügigen Kies- und Sandstränden, von denen aus sensationelle Sonnenuntergänge zu bestaunen sind. Als Wahrzeichen hat sich der Chiemgau einen Campanile auserkoren, der von einem Zwiebeldach gekrönt wird; als Schutzheilige eine seliggesprochene Königstochter, die im ersten Jahrtausend als Nonne und später als Äbtissin von Frauenwörth für ihre Güte gerühmt wurde. Sie wird bis heute verehrt und von zahlreichen Besuchern als heilige Fürsprecherin um Hilfe gebeten.
Das Leben am Chiemsee lässt sich weit zurückverfolgen: Bereits Ende des achten Jahrhunderts wird der Name erstmals urkundlich erwähnt; er leitet

Schloss Herrenchiemsee: Westfassade mit prächtigem Fama-Brunnen

sich vermutlich von dem am Ostufer gelegenen Chieming ab. In Seebruck zeugen keltische und römische Fundstätten von ersten Ansiedlungen. Die Römer nannten den Ort einst Bedaium. Ebenfalls im achten Jahrhundert wurden die Benediktinerabteien auf der Frauen- und Herreninsel

gegründet. Als nach der Säkularisation das Kloster der Fraueninsel beinahe leer stand, fanden viele der ab 1828 eintreffenden Künstler eine bezahlbare Unterkunft. Sie kamen, um sich vom einfachen Inselleben und der faszinierenden Natur inspirieren zu lassen. Der alteingesessene Lindenwirt beherbergte und bewirtete viele der gastierenden Münchner Künstler. So auch Maximilian Haushofer, der die landschaftlichen Reize der Fraueninsel als erster entdeckte – und später auch die der Wirtstochter Anna Dumbser, die er nachfolgend ehelichen sollte. Aber auch Karl Raupp, Wilhelm Leibl und Hermann Kaulbach malten hier erstmals unter freiem Himmel – sie gelten als die Begründer der Freiluftmalerei. Ihnen folgten weitere Nachahmer und so entwickelte sich im Laufe der Zeit auf der Fraueninsel eine der ersten und ältesten Künstlerkolonien Europas, die „die Natur vor der Natur malen" wollten. Sie hielten in zahllosen Gemälden ihrer als Chiemseemalerei bezeichneten Kunst die stimmigen Motive der idyllischen Fraueninsel und später auch des Chiemgaus fest – so das ständig wechselnde Licht, die immer wieder auch gefähr-

lichen Atmosphären des Voralpenlandes mit Föhn, aufgewühltem Wasser, düsteren Wolken, dichtem Nebel, tobendem Sturm, prasselndem Regen sowie den stahlblauen Himmel und den von der Sonne zum Funkeln gebrachten Chiemsee. Viele Arbeiten thematisieren auch das harte und einfache Los der ansässigen Fischer, deren malerische Gärten sowie die bezaubernde Silhouette des Glockenturms und Münsters. Die Malerkolonie Frauenwörth wurde zum Synonym für eine neue Malerei.

Auf dem Weg zur Moderne gilt Julius Exter als wichtigster Maler. Mit seinen maltechnischen und farbenfrohen Experimenten stand er der Künstlergruppe Blauer Reiter nahe. Er kam 1897 an den Chiemsee; einige Jahre später erwarb er das Bauernhaus „Zum Stricker" in Übersee, wo er bis zu seinem Tod 1939 lebte. Hier richtete er auch seine europaweit bekannte Malschule ein. Das Haus dient heute als Museum. Einen guten Überblick über das Schaffen von Julius Exter vermittelt die Ausstellung im Augustiner-Chorherrenstift Herrenchiemsee – dem ehemaligen Kloster, das landläufig als altes Schloss bezeichnet wird. In barocken Räumen sind hier rund 150 Bilder aus allen Schaffensperioden zu betrachten.

Auch König Ludwig II. richtete sich in den Räumen des ehemaligen Klosters eine Wohnung ein. Die für seine Verhältnisse eher kleine und recht bescheidene Unterkunft nutzte er, um die Bauarbeiten an seinem Schloss zu begutachten. Sie kann bis heute besichtigt werden. Mit seiner Vision des neuen Schlosses Herrenchiemsee wollte König Ludwig II. den von ihm sehr verehrten französischen Sonnenkönig Ludwig XIV. ehren und ihm mit einer bayerischen Version von Schloss Versailles huldigen. Damit manifestierte er auch den eigenen Mythos, den er selbst schon früh mit den Worten umschrieb: „Ein ewig Rätsel will ich bleiben mir und anderen", – was ihm gut gelungen ist. Das Schloss sollte ihm als Zufluchtsort weg vom könig-

lichen Alltag hin zur Einkehr in seine Traumwelten dienen; der Öffentlichkeit wollte er dabei keinen Einblick gewähren. So wird überliefert, dass er überlegte, seinen kostbarsten Raum – das Paradeschlafzimmer, mit dem er seinem Idol Ludwig XIV. ein Denkmal setzte – nach seinem Ableben zerstören zu lassen, damit ihn nie jemand zu Gesicht bekäme. Der Wunsch sollte ihm verwehrt bleiben, vielmehr entwickelte sich sein „Traumreich", seit es 1886 der Öffentlichkeit zugänglich gemacht wurde, zu einem wahren Publikumsmagneten, der Interessierte aus aller Welt anlockt. Der Besucherstrom reißt bis heute nicht ab – die Bayerische Schlösserverwaltung spricht von mehr als 50 Millionen Besuchern seither. Der König selbst besuchte die acht Jahre währende Baustelle seines unvollendet gebliebenen Schlosses nur des Nachts. Er reiste dazu mit dem Zug bis Rimsting und von dort mit der Kutsche weiter nach Urfahrn, wo ihn der dort ansässige Fährmann mit dem Kahn auf dem kürzesten Weg über den Chiemsee ruderte. Insgesamt hielt er sich nur zehn Tage im Schloss auf; in dieser Zeit wurde der Spiegelsaal am Abend vollständig illuminiert – dafür rund 1 848 Kerzen entzündet, die auf 33 Deckenlüstern und 44 Standkandelabern platziert waren; eine Prozedur, für die 25 Bedienstete etwa eine halbe Stunde Zeit benötigt haben sollen. Das Licht reflektierte sich dann nicht nur zauberhaft in den Kristallprismen der Lüster in allen Regenbogenfarben, sondern auch in den 18 acht Meter hohen Spiegeln, die gegenüber den großen Rundbogenfenstern angebracht sind – ein fulminantes Spektakel, das jeden Betrachter in entrückte Welten versetzt. Die Faszination des Märchenkönigs ist bis heute ungebrochen; ebenso der Zauber, den er mit seinen kunst- wie stilvoll ausgestatteten Innenräumen schuf. Noch immer finden sich unter den Chiemgauern viele treue Anhänger, die den menschenscheuen Träumer als ihren „Kini" verehren.

Prien – Perle am Chiemsee

Der Markt Prien ist der urbanste Ort am See; wobei er eigentlich gar nicht direkt am See liegt. Der Aufschwung des Ortes begann um 1860 mit der Anbindung an die Eisenbahnstrecke München-Salzburg. Viele Münchner Künstler gelangten auf diesem Weg an den Chiemsee, um von hier aus zu der Fraueninsel überzusetzen. Die Farben und Stimmungen des natürlichen Kleinods inspirierten Maler wie Dichter und so etablierte sich mit der Zeit eine Künstlerkolonie in der Region.

Einen regelrechten Besucherstrom löste Prinzregent Luitpold aus, als er 1886 – nach dem Tode Ludwigs II. und seiner Regierungsübernahme – die Bauarbeiten am Schloss Herrenchiemsee stoppte und den unvollendeten Prachtbau der Öffentlichkeit zugänglich machte. Was für damalige Zeiten – es herrschte Monarchie – eine absolute Sensation war! Denn dass gekrönte Häupter ihre Wohnräume den „gemeinen" Bürgern offenbarten, war eigentlich unvorstellbar. Dementsprechend strömten Interessierte wie Neugierige in Scharen herbei, um den prachtvollen „Lifestyle der Herrscher" zu bestaunen. Die Schifffahrtsgesellschaft von Ludwig Fessler setzte die Gäste hinüber; doch die Passagierzahlen stiegen in kurzer Zeit so rasant an, dass bald größere Schiffe benötigt wurden. Ebenso wurde der knapp zwei Kilometer lange Weg vom Bahnhof zum Hafen in Stock zum Problem. Bislang hatte die Bevölkerung den Transport der Gäste behelfsmäßig mit schlichten Kutschen und Karren bewerkstelligt, was mitunter zu chaotischen Zuständen führte. Mit dem Anstieg der Gästezahl musste Abhilfe geschaffen werden. Und so trieb Ludwig Fessler den Bau einer schmalspurigen, mit Dampf betriebenen Lokalbahn voran. Im Juli 1887 nahm

Heimatmuseum mit hübscher Lüftlmalerei

Pfarrkirche Mariä Himmelfahrt

diese ihre Fahrt auf – noch heute bringt die Dampfstraßenbahn, die von den Hiesigen kurz Bockerl genannt wird und als älteste, dauernd in Betrieb stehende gilt, während der Hauptsaison ihre Gäste in rund acht Minuten vom Hauptbahnhof zum Hafen und wieder zurück. Ausgesprochen reizend ist dabei ihr Erste-Klasse-Salonwagen, der frisch renoviert seine Gäste besonders komfortabel transportiert.
Die kleine, 1910 vor dem Hafen angelegte Landzunge mit ihrer hübschen Seepromenade bietet einen bezaubernden Blick auf den Chiemsee und seine ihn umrahmenden Chiemgauer Alpen – allen voran der prägnant geformte Höhenzug der Kampenwand. Daneben die Hochplatte, der Hochgern und der Hochfelln – sowie die zwischendrin hell schimmernden österreichischen Loferer Steinberge. An der Spitze des kleinen Rundwegs schaut der Gast hinüber zur vorgelagerten Herreninsel direkt auf das Schloss Herrenchiemsee. Und so kann der Gast hier geruhsame wie verträumte Minuten verbringen und zu allen Tageszeiten beeindruckende wie beschauliche Momente genießen – untermalt von dem Hupen der ein- und ausfahrenden Schiffe der Chiemseeflotte. Auf ihnen finden das ganze Jahr über eine Vielzahl von Veranstaltungen statt – mit Tanz und Kabarett oder mit Musik wie Swing, Jazz und natürlich der traditionellen Volksmusik. In nostalgische Stimmung versetzt der aus dem Jahr 1926 stammende Schaufelraddampfer „Ludwig Fessler“. In seinem renovierten, im Stil der 1920er-Jahre gehaltenen Salon kann den Gast auf dem Weg zum Schloss schwelgen – und träumen von längst vergangenen Zeiten.

Arkadenumgang der Taufkapelle St. Johannes

Rother's Blumen-Paradies

Rother's Blumen-Paradies
Norbert Rother

Kirchenweg 1
83209 Prien am Chiemsee

Telefon 0 80 51 / 16 84
Telefax 0 80 51 / 6 30 41
www.blumen-rother.de

Wer meint, wahre Kostbarkeiten finde man nur in der Natur, dem sei ein Abstecher in „Rother's Blumen-Paradies" empfohlen – denn Inhaber Norbert Rother und sein 20-köpfiges Team haben sich ganz der grünen und blühenden Welt verschrieben.

Den Betrieb gründeten 1959 die Eltern, damals noch vorrangig als Gemüsegärtnerei. Heute konzentriert sich Gärtnermeister Norbert Rother, kreativ unterstützt von seiner Schwester, der Floristin Angelika Adelhelm, vor allem auf Zierpflanzen – allerdings mit der gleichen Leidenschaft und Liebe. Ein Großteil der Pflanzen wird nach wie vor in Prien aufgezogen; rund 6 000 Quadratmeter – teils beheizte Gewächshäuser, teils Freiflächen – gilt es täglich zu hegen und zu pflegen. Was unter dieser Obhut an Blumenpracht entsteht, kann der Besucher auf weiteren rund 1 000 Quadratmetern bewundern; die Bandbreite ist enorm und bietet von heimischen Beet- und Balkonpflanzen über meterhohe mediterrane Zitrus- und Olivenbäume bis hin zu modischen Topf- und nützlichen Gemüsepflanzen sowie attraktiven Schnittblumen alles, was der Pflanzenfreund begehrt. Besonders verführerisch die großköpfigen Rosen, die mit ihren zauberhaften Farbnuancen betören und lange Freude bereiten, denn auf allerbeste Qualität legt Norbert Rother größten Wert.

Bekannt ist das Priener Floristikgeschäft auch für seine ungewöhnlich große wie außergewöhnlich schöne Auswahl an Orchideen – unzählige Varianten in allen Farben und Formen buhlen um die Aufmerksamkeit des Betrachters. Schon die Eltern waren dem besonderen Charme der ausgefallenen Blüten erlegen; sie züchteten die „Grazien" noch selbst. Seit jeher hat sich bei den Rothers das handwerkliche Können zum kreativen Gestalten gesellt, hat das kunstvolle Verzieren und Arrangieren nie die natürliche Schönheit der Pflanze überdeckt. So entstehen zauberhafte Gestecke und Sträuße, die traditionell gehalten sind und doch mit Unerwartetem verblüffen – sei es die kleine farbige Holzrose, die aus der herbstlichen Erika blitzt, oder die gelungene Kombination von heimischen mit mediterranen Elementen wie dem aus Olivenzweigen geflochtenen Adventskranz. Einen Hauch Exotik vermitteln Gewächse aus Südamerika wie die zwei Meter hohen Fruchtstände oder Kränze aus Lianen. Formschöne und farblich passende Töpfe, Vasen und Schalen komplettieren das vielseitige Angebot, das sich – gekonnt mit Leuchten und Kerzen kombiniert – zu stilvollen Tischdekorationen vereint. Wem all das als Anregung zur geschmackvollen Dekoration für zu Hause noch immer nicht genügt, dem sei ein Besuch der „leisen", aber feinen Events empfohlen, die zweimal jährlich stattfinden. Dann, wenn Gleichgesinnte gemeinsam staunen und sich am Glanz der Blüten erfreuen – ganz im Sinne von Inhaber Norbert Rother, der fest davon überzeugt ist, dass jede Wertschätzung und Achtung, die wir dem Gewächs entgegenbringen, in vielfacher Weise zu uns zurückkehrt. Und so finden bei ihm nicht nur die Naturfreunde ihre Verheißung, sondern auch die Pflanzen selbst ihr Paradies.

Badegalerie – Beate Gloss

Badegalerie
Beate Gloss

Postweg 4a
83209 Prien am Chiemsee

Telefon 0 80 51 / 95 90 23
Telefax 0 80 51 / 95 90 24

All jenen, die sich nach sinnlichen Stunden der Entspannung und Erholung sehnen, sei der Besuch der Priener „Badegalerie" empfohlen. Hier finden sie verführerisch schöne wie nützliche Accessoires, die den Aufenthalt im Bad zum täglichen Luxus machen.

Das kleine charmante Geschäft bietet alles, was man zum Wohlfühlen in der heimischen „Wellness-Oase" benötigt – von formschönem Zubehör über praktische Seifenspender bis hin zu dekorativen wie pflegenden Badezusätzen. Wohlriechende Essenzen aus ätherischen Ölen und feuchtigkeitsspendende Duschzusätze vor allem aus England und Frankreich sichern genussreiche Stunden in Muße; bezaubernde, mit getrockneten Rosenblüten oder wohlriechenden Kräutern verzierte Badepralinen aus reiner Kakaobutter lassen jedes Vollbad zu einem wahren Vergnügen werden. Wer sich danach in samtig weiche Frotteehandtücher, in herrlich kuschelige Bademäntel oder lieber gleich in den flauschigen Pyjama hüllen möchte, entdeckt in der „Badegalerie" mit Sicherheit sein Lieblingsstück. Beate Gloss' qualitativ hochwertiges und einzigartiges Wäschesortiment bietet modisch aktuelle wie klassische Teile. Besonders reizend ihre mit Strass und frechen Aufdrucken versehene Kinder-Kollektion. Und so findet der Besucher in der „Badegalerie" stets das stimmige Präsent wie auch das Praktische für zu Hause, kann er sich vom Duft der Seifen betören und schon beim Stöbern ein wenig verwöhnen lassen.

Kristallgalerie-Prien

Kristallgalerie-Prien
Barbara Stamm

Marktplatz 5
83209 Prien am Chiemsee

Telefon 0 80 51 / 29 03
Telefax 0 80 51 / 29 03

Farben bringen Freude ins Leben und gestalten jedes Zuhause behaglich. Wer sich in dieser Weise verwöhnen möchte, dem sei ein Besuch in der „Kristallgalerie-Prien" empfohlen – in eleganten wie stilvollen „Farbecken" findet der Gast den kleinen Luxus für jeden Tag.

In dem hübschen Geschäft am Marktplatz wurde einst Glas graviert. Auch heute noch gibt es hier Nützliches und Schönes aus Glas – doch darüber hinaus vor allem ein breites Sortiment an individuellen und trendigen Wohnaccessoires und Heimtextilien. Seit 2005 begibt sich Barbara Stamm immer wieder auf die Suche nach Dingen, die den Alltag verschönern: von duftenden Kerzen und edlen Windlichtern über feine Seidenschals, schillernde Paillettenshirts und ausgefallene Taschen bis hin zu aktuellem Modeschmuck, eleganten Plaids, kuscheligen Wolldecken und Tischwäsche. Ganz gleich, für welchen Anlass Sie das stimmige Präsent suchen, in der „Kristallgalerie-Prien" werden Sie mit Sicherheit bestens beraten. Dabei will Barbara Stamm nicht nur mit Schönem und Edlem inspirieren, sondern ihren Kunden auch immer wieder ein Schmunzeln entlocken und mit Humorvollem und Witzigem Freude ins Leben bringen. Für die Prienerin stellen Farben ein Lebenselixier dar, das die Stimmung erhellt und jede Tristesse vertreibt – täglich aufs Neue.

Scala – Exclusive & Sport Fashion

Scala – Exclusive & Sport Fashion
Petra Halisch-Huber, Tanja Eder

Postweg 4a
83209 Prien am Chiemsee

Telefon 0 80 51 / 6 52 41
Telefax 0 80 51 / 95 92 33
www.scala-prien.de

Für modebewusste Frauen, die das Besondere lieben und stets am Puls der Zeit sein möchten, gibt es in Prien eine sehr empfehlenswerte Adresse, und das gleich zweimal: Im „Scala Exclusive" und dem benachbarten „Scala Sport Fashion" warten Petra Halisch-Huber und Tanja Eder mit ihrem Team mit Top-Labels auf, die mit ihren Kreationen Modegeschichte schreiben.

Die Intention der beiden Modefachfrauen war es, in ihrem Geschäft eine ausgesuchte internationale Mode anzubieten, die nicht überall zu erstehen ist. Auf jeweils 80 Quadratmetern präsentieren sie ihre bis zu 40 Designer überschaubar in einem reduzierten, sehr geschmackvollen Interieur: Dezent weiß gehaltene Wände kombinieren sie mit Chrom sowie – im „Scala Exclusive" – mit einer stilvollen silberfarbenen Couch und – im „Scala Sport" – mit einem roten Tisch; ansonsten sind beide Geschäfte identisch. Die puristische Ausstattung ist bewusst gewählt, denn im „Scala" soll nichts von der erstklassigen Mode ablenken. An ihre Labels stellen die beiden charmanten Inhaberinnen insgesamt hohe Anforderungen: Beste Qualität, exakte Verarbeitung, ausgefallene Schnitte, optimaler Tragekomfort sowie pflegeleichte Materialien sind Standards, die sie bei ihren Herstellern voraussetzen. Wichtig ist ihnen zudem, dass die Kollektionen überwiegend in Europa und nur in überschaubaren Mengen gefertigt werden. Viele Teile stammen dabei von kreativen Köpfen wie den Designern Dries van Noten und Stella McCartney, die in der Branche als Künstler gelten und mit ihren Entwürfen die Trends der Mode setzen. Langjährige Erfahrung, großes Engagement sowie gut gepflegte Kontakte ermöglichten Petra Halisch-Huber und Tanja Eder diese exklusiven Beziehungen. Damit stellen die beiden zudem sicher, dass sich ihr Sortiment stets am Puls der Designermode befindet und sie Trends nicht nur frühzeitig erkennen, sondern die begehrten Teile auch rasch bei ihnen erhältlich sind. In ihrem umfassenden Sortiment,

das mit Jacken, Mänteln, Kleidern und T-Shirts über Schuhe, Taschen und Accessoires bis hin zur sportiven Mode und Denim-Jeans breit gefächert ist, findet jede Frau das passende Lieblingsteil; auch dank der kompetenten und souveränen Beratung der beiden Inhaberinnen, die mit sicherem Blick den individuellen Typ sowie den stimmigen Style ihrer Kundinnen schnell wahrnehmen. Für Petra Halisch-Huber und Tanja Eder darf Mode nicht plakativ oder overdressed sein; vielmehr soll sie die Trägerin in ihrer Persönlichkeit unterstreichen. So kombinieren die beiden ihre Kollektionen für jede Frau immer wieder neu und kreieren damit einen einzigartigen, unverwechselbaren individuellen Look, der nie uniform wirkt. Die exquisiten Materialien sorgen zudem dafür, dass man sich sofort wohlfühlt und das Tragen der Modelle zur Wellness für die Haut wird.

Und so stehen die Chiemgauerinnen in Sachen Mode den Kosmopolitinnen der Welt in nichts nach, sind die Trends aus den Fashion-Metropolen zeitnah in Prien zu erstehen – verleiht das „Scala“ dem beschaulichen Prien einen Hauch von Exklusivität.

Caffe Juliana

Caffe Juliana
Juliane Brenner

Hochriesstraße 20
83209 Prien am Chiemsee

Telefon 0 80 51 / 96 18 98
www.julianacaffe.de

Bei einem exzellenten Kaffee für einige Minuten die Zeit vergessen, ankommen und den Moment genießen – im „Caffe Juliana" erfährt der Gast unvergleichliche Augenblicke der Muße. Das Haus ist zudem eine einzige Huldigung an den wahren Genuss sowie eine beschauliche Stätte der Achtsamkeit.

Gleich mit dem Betreten des kleinen Caffes beginnt der Gast, sich zu „entschleunigen" und zu entspannen – und das, obwohl die Lokalität eher schmal und meist gut besucht ist. Doch dem „Caffe Juliana" haftet etwas Meditatives an, das von Juliane Brenner und ihrem Team auszugehen scheint. Denn die Art, wie sie ihre Kaffeespezialitäten zubereiten, gleicht einem bewusst vollzogenen Zeremoniell, das sie andächtig und mit vollkommener Konzentration begehen. Beim Betrachten der geruhsam wie souverän geführten Handgriffe kommt auch der Gast zur Ruhe, rückt der Alltag allmählich in den Hintergrund. Die legere Art und die heitere Atmosphäre des „Caffe Juliana" lassen nur schwerlich erahnen, dass hier nichts dem Zufall überlassen bleibt. Schon beim Bestellen erfährt der Gast die liebevolle Hinwendung des Hauses – persönliche Vorlieben werden weitestgehend erfüllt. Und so ist zunächst zu klären, ob man seinen Kaffee mild oder würzig, groß oder klein, mit oder ohne Glas Wasser wünscht. Bei der Qualität und der Zubereitung setzt Juliane Brenner ebenso höchste Maßstäbe. Der exquisite Kaffee stammt von einer regionalen Rösterei, die Bohnen werden nach Bedarf frisch gemahlen, der Mahlgrad je nach Wetterlage und Luftfeuchtigkeit justiert – möglichst, wenn nur wenige Gäste im Caffe sind. Das Pulver wird fest gepresst und der Espresso läuft in rund 20 Sekunden mit satter Crema in die heiße Tasse. Der herrlich cremige Milchschaum, der den vollendeten Cappuccino krönt, wird separat von der heißen Milch sanft zugeführt. Mit der gleich hohen Achtsamkeit überreichen die Baristas dem Gast sein Getränk – mit einer Geste, die der Übergabe eines kostbaren Geschenks gleicht. Und so fühlt man sich – am Hochtisch stehend, auf der gepolsterten Fensterbank schauend oder im idyllischen Garten unterm Apfelbaum sitzend – bei

aller Umkompliziertheit des Hauses wahrlich fürstlich umsorgt und königlich bewirtet. Eine der vielen genialen Köstlichkeiten ist der Espresso mit Vanilleeis, der Bitteres in herrlicher Weise mit Süßem vereint. Daneben verführen beste französische Butterkekse, aromatische italienische Cantucci, zart schmelzendes toskanisches Nougatkonfekt sowie exzellente handgeschöpfte Schokoladen unterschiedlichster Kakaogehalte, Anbaugebiete und Aromen – dargeboten in bezaubernden Glasschalen und Bonbonnieren – zur süßen Nascherei. Unzählige hübsche Grußkarten, duftende Tees, edle Kaffeeraritäten, bezaubernde Geschenkarrangements sowie geschmackvolles Zubehör runden das umfangreiche Sortiment ab. Ab Herbst 2009 verwöhnt Juliane Brenner zudem ihre Gäste in einem neu eröffneten Teehaus in Prien, das neben ganztägigem Frühstück auch feine Kuchen und kleine italienische Delikatessen parat hält.

Das „Caffe Juliana" ist ein ganz besonderer Ort, ein Rastplatz für die Seele und eine Heimstatt für kleine genussvolle Momente – letztlich ein Juwel von unschätzbarem Wert.

Rosso – Amore e Passione

Rosso
Schuhe Fashion Accessoires
Stefania Belliardo

Bernauer Straße 8
83209 Prien am Chiemsee

Telefon 0 80 51 / 10 01
Telefax 0 80 51 / 10 02
www.rosso-prien.de
www.rosso-shop.de

Nomen est omen – für das Priener Geschäft „Rosso" trifft das lateinische Sprichwort in Gänze zu. Denn Rot steht nicht nur für Feuer und Temperament, sondern auch für Liebe und Leidenschaft – zum Leben wie zur Mode – und ist nicht zuletzt die Lieblingsfarbe von Signora Stefania Belliardo.

In dem 300 Jahre alten Haus an der Bernauer Straße in Prien verbindet sich zudem in faszinierender wie doppelsinniger Weise bayerischer Charme mit italienischer Leichtigkeit. Geschmackvoll schreitet der Gast im Licht von funkelnden Kristalllüstern über gemalte Mosaiken, die just einer italienischen Villa entliehen zu sein scheinen, und unter dem sanften Plätschern des steinernen Brunnens, in dem stets einige Rosen ihre Pracht entfalten. Der Glanz des Hauses erstrahlt aber vor allem mit Erscheinen der Turinerin Stefania Belliardo, die mit ihrem Charisma einen Hauch italienisches Flair und Dolce Vita ins „Rosso" bringt. Mit ihrem Mann, dem Priener Franz Laböck, verbindet sie nicht nur eine tiefe Leidenschaft für Mode, sondern auch die große Liebe auf den ersten Blick. Als sie sich einst auf Mykonos begegneten, verantwortete Stefania Belliardo den Tascheneinkauf des französischen Luxus-Labels Hermès in Turin; zuvor war sie beratend in Showrooms namhafter italie-

nischer Designer wie Dolce & Gabbana im Verkauf der neuen Kollektionen tätig; Franz Laböck fertigte exklusive Skimode in Prien. Seit 2003 führen die beiden nun in inniger Verbundenheit die ansprechende Lifestyle-Boutique und präsentieren exquisite Labels der klassischen Moderne, die anderenorts kaum zu finden sind – gediegen elegant und stets mit der gewissen Finesse versehen, die den aparten Stil der modebewussten Italienerin auszeichnet. Formvollendete Schnitte, beste Qualität sowie eine perfekte Passform bringen eine Silhouette hervor, die jede Frau umschmeichelt, sie in geschmackvoller Eleganz umhüllt – ganz gleich für welchen Anlass sie sich kleidet. Die aus Naturmaterialien wie Seide, Alpaka, Merino oder Kaschmir gefertigten Modelle stammen dabei vorwiegend von europäischen Traditionsunternehmen, die für ihr handwerkliches Können bekannt sind. So auch die erstklassigen italienischen Schuhe, die nicht nur aus feinstem Leder gearbeitet und vollendet anzusehen, sondern auch bequem und komfortabel und damit eine Wohltat für die Füße sind. Dazu fügen sich ausgesuchte Accessoires wie „samtene" Lederhandschuhe, exquisites französisches Parfum – deutschlandweit nur in zwei Häusern erhältlich –, Mützen sowie trendiger Schmuck.
Eine Besonderheit sind die eleganten, nostalgisch-puristischen Kult-Fahrräder aus Italien, die in ihren fröhlichen Farben nur bei „Rosso" zu erstehen sind. Ebenso typisch italienisch sowie winzig und bezaubernd zugleich ist der kleine Innenhof – er stellt geradezu eine Hommage an das Heimatland von Stefania Belliardo dar. Überhaupt ist die Priener Lifestyle-Boutique nicht nur eine feine Adresse für elegante Mode, sondern darüber hinaus eine einzige Huldigung an Schönheit und Ästhetik, an Tradition und wahre Werte, an Liebe und Leidenschaft – „Rosso" eben.

Bindewerk

Bindewerk
Arne Katzbichler

Osternacher Straße 56
83209 Prien am Chiemsee

Telefon 0 80 51 / 96 67 23
Telefax 0 80 51 / 96 67 26
www.bindewerk.de

Wie schnell ist ein Gedanke verflogen – wie gut, wenn man rechtzeitig Papier parat hat. Dank Arne Katzbichler können solche Geistesblitze nun stilvoll festgehalten werden – seine exklusiven Blanko-Bücher sind eine sinnliche Hommage an die Kunst des Buchbindens.

Arne Katzbichlers Liebe zum Buch entwickelte sich früh – sein Vater war Verleger und Antiquar. Um seine Freude am kreativen Gestalten mit dem erlernten Buchbindehandwerk zu verknüpfen, gründete er 1997 sein „Bindewerk". Zunächst in München ansässig, entwarf und produzierte er eine individuelle wie exklusive Papeterie-Kollektion, die seit 2000 hauptsächlich in Prien gefertigt wird. Die aufwendig fadengebundenen sowie mit liebevollen wie funktionellen Details versehenen Bücher bestechen in ihrer schlichten Eleganz und ihrer hochwertigen Verarbeitung – die förmlich spürbar ist: Feines Leder mit Schnürriemen, weicher Filz mit Intarsien oder im Handsiebdruck gemustertes Leinen verleihen den Einbänden ihr ansprechendes Design. Die Retro-Muster wurden dabei eigens für das „Bindewerk" entworfen. Im Inneren sorgt edles italienisches Büttenpapier für fühlbare Qualität. Praktische Schachteln, bezauberndes Geschenkpapier sowie pfiffige Accessoires wie die charmanten Lesezeichen oder Schlüsselanhänger runden das ideenreiche Sortiment ab. Im kleinen Lagerverkauf steht es Hiesigen zur Verfügung und gelangt von hier zudem in die ganze Welt.
Arne Katzbichlers Bücher setzen ein Zeichen für Wertigkeit und Qualität, auch bei den einfachen Dingen des Lebens. Sie helfen, Momentaufnahmen festzuhalten – und das in würde- wie stilvoller Weise.

ufkapelle St. Johannes im Zentrum von Prien

Hotel Neuer am See

Hotel Neuer am See
Café Konditorei Restaurant
Andreas Neuer

Seestraße 104
83209 Prien am Chiemsee

Telefon 0 80 51 / 6 09 96-0
Telefax 0 80 51 / 6 09 96-44
www.neuer-am-see.de

Wer elegant und mit allem Komfort in Seenähe nächtigen will, dem sei das Hotel „Neuer am See" empfohlen. Nur wenige Meter vom Ufer und Hafen sowie von der beliebten Landzunge entfernt, liegt das stattliche Haus zentral und dennoch ruhig.

Als Andreas Neuer das Haus 2000 von seinen Eltern übernahm, renovierte er es von Grund auf. Was einst mit Urlaub auf dem Bauernhof begann und später zur Frühstückspension expandierte, präsentiert sich nun als innovatives Hotel, das seine Tradition in bester Manier neu interpretiert. Dem Gast stehen elegante wie komfortable, im hellen Fichten- oder dunklen Kirschbaumholz gehaltene Zimmer zur Auswahl. Für die besonderen Ansprüche hat der junge Hotelier zwei exklusive Suiten parat, die in ihrem stilvollen wie überaus wohnlichen Ambiente begeistern: Die erlesene Seeblicksuite bietet auf 30 Quadratmetern einen rustikalen Sichtdachstuhl, der behagliche Landidylle vermittelt; die 40 Quadratmeter große Chiemseesuite – das Highlight des Hauses – fasziniert in ihrer klassischen Eleganz, die bei aller Formvollendung stets gemütlich wirkt. Das luxuriöse Marmorbad mit Whirlpool lädt den Gast zudem zu entspannenden Stunden mit Wellness ein. Vom großen Südbalkon fällt der Blick auf die Gipfel der Kampenwand; vom Ostbalkon gleitet er – wahrhaft majestätisch – hinüber zur nahen Insel Herrenchiemsee. Damit sich der Gast auch am Morgen königlich fühlt, ver-

wöhnen ihn Andreas Neuer und sein junges Team mit einem vielseitigen Gourmetbüfett, das zudem Köstlichkeiten aus der eigenen Backstube bietet: Neben Semmeln und Brezn sorgen hausgemachtes Nussbrot, diverses Kleingebäck, mürbe Kuchen sowie Marmeladen, Wurst und Käse, frische Obstsalate und Säfte von Orange, Kirsche und Grapefruit und feine Eierspeisen für den gelungenen Start in den Tag. Auch am Abend findet der Gast im holzgetäfelten Stüberl des Restaurants alles, was der

Genießer begehrt – von traditionellen bayerischen Schmankerln über Spezialitäten aus dem Wok bis hin zu Klassikern wie dem Kalbsgeschnetzelten mit hausgemachten Spätzle; dazu stets frischer Chiemseefisch sowie zahlreiche Salatvariationen. Wem zwischendurch der Sinn nach Süßem steht, ist beim Herzstück des Hauses angelangt – der hauseigenen Konditorei. Ihr genussvolles Repertoire besteht aus rund 50 Kreationen feinster Meistertorten, die allesamt köstlich munden sowie herrlich anzusehen sind – was nicht verwundert, denn der Hausherr ist gelernter Konditormeister. Um sich den süßen Verführungen ganz hinzugeben, kann sich der Gast im sympathischen kleinen Stehcafé, im von Mosaiken untermauerten Café oder auf der großzügigen Sonnenterrasse gemütlich niederlassen. Zum anschließenden Ruhen stehen im separaten Hausgarten, gleich nebenan, bequeme Liegen bereit. Jeden Montagabend treffen sich hier die Gäste zum abendlichen Begrüßungs-Cocktail; ein beliebtes Ritual, zu dem Andreas Neuer und seine Mutter Thekla einladen. Und so bleibt ein Aufenthalt beim „Neuer am See“ trotz aller Innovation stets familiär und persönlich; wird die Tradition des Hauses in bester Weise bewahrt – wenn auch sonst nur noch die alte Marmorsäule im Café an vergangene Zeiten erinnert.

Prienamed – Zentrum für Ganzheitsmedizin

Ärztehaus Prienamed
Zentrum für Ganzheitsmedizin
Prof. Prof. (VR China) Dr. med. Harald Gumbiller

Harrasser Straße 6
83209 Prien am Chiemsee

Telefon 0 80 51 / 96 55-0
Telefon 0 80 51 / 96 55-1 10
www.prienamed.de

Gesund alt zu werden – ein Wunsch, den jeder von uns hegt. Die fachübergreifende Ganzheitsmedizin des „Prienamed" – eine Kombination aus modernster Schulmedizin und dem Erfahrungsschatz der Naturheilkunde – bringt uns diesem Anliegen ein Stück weit näher.

Der Gründer, der Orthopäde Professor Dr. Harald Gumbiller, erfüllte sich mit seinem Ärztehaus einen lang gehegten Wunsch. 2001 eröffnete er gemeinsam mit dem Zahnarzt Dr. Harald Grimminger und dem Physiotherapeuten Andreas Kollmannsberger das beeindruckend gestaltete Zentrum. Dem Patienten stehen zwölf interdisziplinär arbeitende Ärzte zur Verfügung – vom Allgemein- oder Sportmediziner über den Urologen und Hals-Nasen-Ohren-Arzt bis hin zum Dermatologen, Gynäkologen und mehreren Orthopäden; dazu vier Zahnärzte und sieben Physiotherapeuten, die vom Deutschen Sportbund zur Behandlung von Teilnehmern an Olympischen Spielen und Weltmeisterschaften ausgebildet sind. Ärzte und Therapeuten stehen im ständigen Austausch und sprechen aufgrund ihrer Zusatzausbildung in ganz-

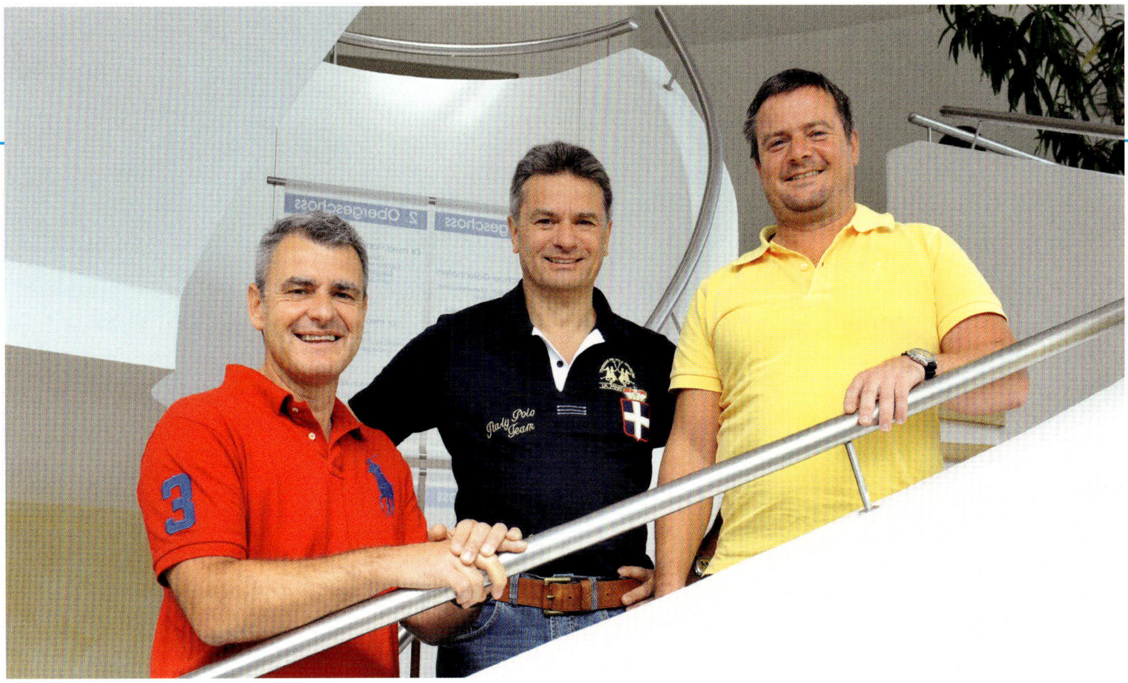

heitsmedizinischen Ansätzen wie der Applied Kinesiology (diagnostische Methode, um Zusammenhänge zwischen verschiedenen medizinischen Störungen aufzudecken) und der Traditionellen Chinesischen Medizin sowie der Osteopathie die „gleiche" Sprache. Zudem geht man im „Prienamed" nicht symptom-, sondern ursachenbezogen vor, das heißt im Fokus steht das funktionsgestörte Zusammenspiel des gesamten Körpers und nicht nur die Stelle, die schmerzt. Jeder Patient wird mit modernsten Techniken von Kopf bis Fuß genau untersucht. Störfelder können beispielsweise von Narben oder „toten" Zähnen ausgehen, Darmleiden von Schwermetallbelastungen oder Pilzbefall herrühren. Orthopädische Beschwerden oder Tinnitus, aber auch Lern- und Konzentrationsschwächen bei Kindern resultieren oft aus Fehlstellungen des Kiefers. Ein falscher Biss kann zu einer Beckenverwringung führen und damit eine Beinlängendifferenz von bis zu mehreren Zentimetern verursachen. Auch Schmerzen der Halswirbelsäule, der Sprunggelenke oder der Knie können so ausgelöst werden. Das „Prienamed" setzt dabei auf alternative Behandlungsmethoden wie Akupunktur, Manuelle Therapie oder Osteopathie und vermeidet damit häufig operative Eingriffe. Die „sanfte" Medizin des „Prienamed" schätzen Sportler der Fußball-, Eishockey-, Ski-, Schwimm- und Leichathletik-Nationalmannschaft, ebenso Patienten aus der Region sowie der ganzen Welt. Deutschlandweit einzigartig ist auch die „Priener Prävention" – ein „Mega-Check", in dem gesundheitliche Störungen frühzeitig erkannt und behandelt werden. Der Patient durchläuft an einem Tag zwölf medizinische Stationen, wird dabei nicht nur allumfassend untersucht, sondern sofort therapiert.

Professor Dr. Gumbiller und seine Kollegen wollen mit ihrem bahnbrechenden Ansatz die ganzheitliche Medizin einem breiten Publikum näherbringen; so bilden sie interessierte Ärzte weltweit aus und informieren mit öffentlichen Vorträgen vor Ort.

Ihre innovativen Leistungen sind ein Meilenstein auf dem Weg zu einem „Heilen mit Herz und Hand, Erfahrung und Verstand".

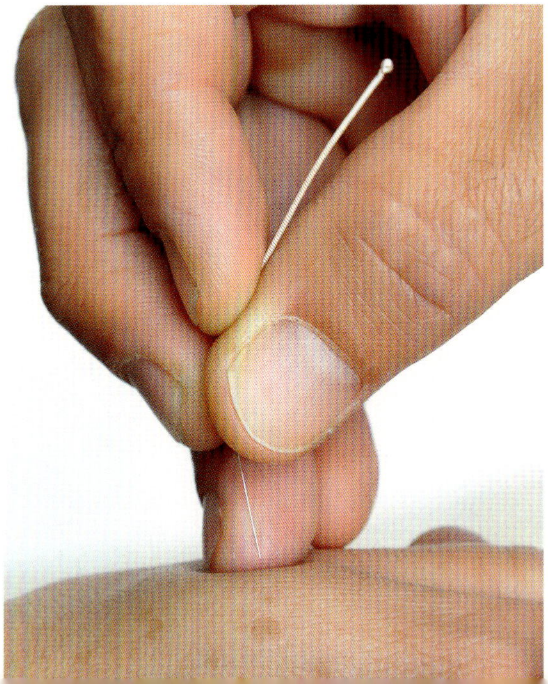

Hafen von Prien-Stock mit den Abfahrtsstegen zu den Inseln

Elektronic-Lux

Adam & Eve

Adam & Eve
Exklusive Designermode
Stefan Knappe

Seestraße 6
83209 Prien am Chiemsee

Telefon 0 80 51 / 56 55
Telefax 0 80 51 / 30 93 96
www.my-adam-eve.com

Für Fashion-Freaks ist „Adam & Eve" seit Jahren der Inbegriff für ausgefallene wie exklusive Designermode. Stefan Knappe sorgt mit seiner Kollektion für mondäne Auftritte am Chiemsee – sowie für paradiesische Momente beim Shoppen.

Die Liebe zur Mode liegt bei der Familie Knappe im Blut – mit Stefan Knappe ist bereits die dritte Generation in dieser Branche tätig. 1998 stieg er in das Priener Modegeschäft seiner Mutter ein; 2000 übernahm er das Haus und begann, es nach seinen Vorstellungen umzubauen – klare Linien und reduzierte Farbgebung sollten das Interieur bestimmen. Und so präsentiert sich „Adam & Eve" nunmehr auf

220 Quadratmetern in elegantem Weiß, kombiniert mit kühlem Edelstahl und klassischem Schwarz puristisch – nichts lenkt von der exklusiven Mode ab, die von Top-Designern aus Italien, Frankreich und USA wie Belstaff, Armani, Galliano und Cavalli stammt. Das Sortiment bietet dabei von der sportlichen und trendig verzierten Denim-Jeans über duftige Kleider, stilvolle Hemden und modische Blusen bis hin zur eleganten Abendgarderobe wie Anzüge oder das „kleine Schwarze" für jeden Anlass das Richtige. Daneben finden sich hochwertige Lederjacken, erlesene Schuhe und Stiefel, ausgefallene Taschen sowie edler Modeschmuck aus Silber und Halbedelsteinen. Bei seinen Orderbesuchen in Mailand, Paris und Düsseldorf spürt Stefan Knappe trendsicher die aktuellen Modelle auf, die seinen Kunden gut zu Gesichte stehen. Alle Teile sind zudem in seinem Onlineshop erhältlich. Immer wieder entdeckt Stefan Knappe auch junge Designer, die ihn mit ihren ausgesuchten Materialien, besten Verarbeitungen sowie optimalen

Passformen und exzellenten Schnitten überzeugen. Dabei achtet er darauf, dass seine Mode nie zu plakativ oder übertrieben wirkt, sie bei aller Extravaganz immer über Stil und Klasse verfügt.
Viele seiner Kunden stammen aus ganz Deutschland; sie können sich bei „Adam & Eve" und „Adam & Eve Intimo", das die Mutter Anna-Maria Knappe gleich um die Ecke führt, von der Unterwäsche bis zur Oberbekleidung komplett stilvoll wie exklusiv einkleiden. Sie schätzen dabei vor allem die ausgesucht persönliche, aber stets ehrliche Beratung von Stefan Knappe. An der kleinen Bar finden sich dazu gern die Herren der Schöpfung ein, um bei einem Glas Prosecco oder einer Tasse Espresso beim Plausch wie unter Freunden ihren Damen bei der Entscheidung zur Seite zu stehen.
Bekannt ist „Adam & Eve" auch für seine ungewöhnlichen Dekorationen – so platzierte Stefan Knappe original italienische Vespas in die Schaufenster seines zentral gelegenen Geschäfts, um den sportlichen Style der dort präsentierten Lederjacken und Denim-Jeans zu unterstreichen. Zu Weihnachten drapierte er hier einen Weihnachtsbaum aus Elchgeweihen und behängte ihn mit glitzerndem Schmuck. Den Espresso serviert er seit Kurzem in einer Porzellantasse, die auf den ersten Blick wie ein zerknitterter Plastikbecher wirkt. Dabei blitzt etwas von dem Humor des stets gut gelaunten jungen Mannes hervor, für den Mode in erster Linie Spaß bereiten soll. Mit seiner Selbständigkeit konnte er seine Passion zur Profession machen und Menschen entsprechend ihres Typs einkleiden, um damit deren Ausstrahlung gekonnt zu betonen. Ganz gleich, ob es die Kunden lieber sportlich modern oder klassisch elegant wünschen – Typ und Ausstrahlung müssen stets optimal aufeinander abgestimmt sein, damit sie gut gekleidet und nicht verkleidet wirken. Für Stefan Knappe soll Mode das verkörpern, was man ist. Ihn selbst trifft man meist in einer modisch akzentuierten Denim-Jeans an, die er gern mit Nietengürtel und einem eleganten Hemd kombiniert. Und so begegnet Stefan Knappe seinen Kunden eher leger und unkompliziert – und berät zudem aus der Sicht des Mannes. Was seine weiblichen Kundinnen überaus zu schätzen wissen, denn sie wollen mit ihrer Kleidung letztlich gefallen und verführen und dazu bereits im Vorfeld wissen, wie das Outfit von Männeraugen begutachtet wird. Und so verlassen die Kunden das „Adam & Eve" glücklich, zufrieden und mit dem sicheren Gefühl, das richtige Modell gewählt zu haben.

Adam & Eve Intimo – Dessous & Mode

Adam & Eve Intimo
Dessous & Mode
Anna-Maria Knappe

Seestraße 8
83209 Prien am Chiemsee

Telefon 0 80 51 / 12 02

Samtig weiche, formschöne Unterwäsche ist nicht nur Balsam für die Haut, sondern auch eine Wohltat fürs Auge. Weshalb sie ihr verborgenes „Schattendasein" immer mehr verliert und zunehmend als reizvolles Stilelement einer geschmackvollen Garderobe fungiert. Anna-Maria Knappe ist seit Jahren bekannt für ihr elegantes wie hochwertiges Wäschesortiment – und darüber hinaus für ihre ausgeprägte Diskretion.

Seit 1984 berät sie kompetent und mit sicherem Blick für die optimale Passform ihre Kunden; 2002 zog sie in ihr heutiges Geschäft in Prien, das mit seinem stimmungsvollen Gewölbe zentral und doch etwas versteckt liegt: Der kleine Durchgang bietet viel Raum für dekorative Schaufenster und verhindert zudem den offenen Einblick ins Geschehen – was von Männern wie Frauen überaus geschätzt wird, denn sie posieren lieber ungestört in den edlen Materialien der klassischen oder auch frivolen Modelle. Die hochwertigen Kollektionen sowie die erstklassigen Bade- und Beinmoden stammen von aktuellen, überwiegend französischen und italienischen Designern, die für beste Qualität, exakte Schnitte und liebevolle Details stehen. So findet der Kunde ungemein Reizvolles für den aufsehenerregenden Auftritt daheim – ob ein Hauch von Morgenrock, eine verführerische Nachtwäsche oder hinreißende Dessous. Zudem bietet Anna-Maria Knappe männlichen Käufern, die ein Geschenk suchen, einen wertvollen Service – sie kennt die Größen und Modelle ihrer Stammkundinnen genau. Und so verlässt der Herr ihr Geschäft ganz sicher mit dem stimmigen Modell – das schön verpackt ist, wie später auch die Dame seines Herzens.

Hacienda

Hacienda
Ulrich Ohliger

Seestraße 7
83209 Prien am Chiemsee

Telefon 0 80 51 / 44 48
Telefax 0 80 51 / 51 51
www.hacienda-prien.de

Wer unkompliziert, aber gut speisen, sich dabei unterhalten und auch ein wenig amüsieren will, ist in der „Hacienda" genau richtig. Ulrich Ohliger und seine Schwester Susanne Staller bieten eine authentische spanische Küche – und einen Ort der Geselligkeit gleich dazu.

Die Geschwister übernahmen das 1880 erbaute Haus von ihren Eltern, die hier über 50 Jahre lang das legendäre Tanz-Café Reiter führten. Die Lokalität war nicht nur bekannt für ihre beste Konditorei, sondern auch für ihre zeitgemäße Ausrichtung – schon damals traten renommierte Livebands auf und wurde im großen Saal gefeiert. Ulrich Ohliger baute 2000 das mit seiner schmucken Fassade leicht südländisch anmutende Haus grundlegend um, wollte aber bei seiner Neukonzeption die kommunikative und ausgelassene Tradition des Hauses bewahren. Die legere spanische Lebensart schien dazu wie geschaffen zu sein und auch die Idee mit den Tapas geradezu ideal, denn nichts begleitet ein anregendes Gespräch besser als eine kleine kulinarische Köstlichkeit, die mit Genuss und im stimmungsvollen Ambiente verzehrt wird. So ließen sich die Ohligers auf Reisen durch Spanien inspirieren – und lernten in Valencia den Koch einer Tapasbar kennen, von dessen Spezialitäten sie rundum begeistert waren. Dem wiederum gefiel die Idee von der Priener Tapasbar so gut, dass er beschloss, sie bei ihrem Start zu unterstützen. So kam die „Hacienda" zu ihren authentischen Speisen; und auch wenn der Koch der Liebe wegen längst wieder

in Spanien weilt, seine Rezepturen und Anregungen sind geblieben. Rund 30 Tapas, serviert auf Cazuelas, den original spanischen Tonschälchen, stehen in der Vitrine am Tresen zur Auswahl; zubereitet werden sie jeweils frisch in der Küche. Neben den typischen Schinken Jamón Serrano und Pata Negra finden sich Leckereien wie die warmen, mit Piri-Piri leicht scharf gewürzten Gambas al ajillo, die delikaten, in einer pikanten Tomatensauce dargereichten, aus Kalb-, Lamm- und Rindfleisch zubereiteten Fleischbällchen Albondigas oder die kleinen angebratenen Paprikas Pimientos de Padrón. Zu allen Speisen reichen Ulrich Ohliger und sein Team ein eigenes, gedrehtes, besonders saftiges „Hacienda"-Brot. Daneben findet der Gast auch Hauptgerichte wie die Penne a la Andaluza, die mit Shrimps, Thunfisch und einer pikanten Paprikasauce serviert werden, sowie wechselnde Fisch- und Fleischspezialitäten. Natürlich fehlt auch die typische Paella Española nicht. Insgesamt präsentiert die „Hacienda" ihre spanischen Spezialitäten in einer leichten Version.

Traumhaft sitzt man auf der überdachten, beheizbaren Terrasse mit Blick zu den Bergen oder im kleinen benachbarten Rosengarten. Im Inneren stehen Plätze an Hochtischen, dem Tresen sowie in vielen Ecken und Nischen bereit. Hinter Trennwänden befindet sich der teilbare Veranstaltungsraum mit seinen funkelnden Kristalllüstern; er eignet sich für Feste aller Art und bietet Platz für 30 bis 150 Personen. Für die kleine Runde unter Freunden steht zudem ein stimmungsvoller Weinkeller parat. Und so schlemmt und feiert man in der „Hacienda" wie einst und wird es auch in Zukunft tun – und das sollte dem Gast keineswegs spanisch vorkommen.

Cafe Sol – Bar Lounge

Cafe Sol
Bar Lounge
Giuseppe Dell'Anna

Seestraße 7
83209 Prien am Chiemsee

Telefon 0 80 51 / 18 28
www.cafe-sol.net

Wer entspannt mit Freunden den Nachmittag oder Abend bei chilliger Musik, coolen Drinks und kleinen Speisen genießen möchte, findet im Cafe Sol die stimmige Atmosphäre – und darüber hinaus eine etwas andere Lounge-Bar.

Das stimmungsvolle Cafe liegt zentral auf dem Weg in Richtung See; große afrikanische Dekoobjekte sowie massive Teakholz-Sitzgruppen laden bereits im Außenbereich zum Verweilen ein. Im Inneren sorgen bequeme Sitzecken und weiche Couchelemente für eine gemütliche wie relaxte Stimmung – Buddhafiguren sowie afrikanische Holzskulpturen verleihen dem Cafe Sol zudem einen leicht exotischen Touch. Dabei wechselt das in warmen Farben gehaltene Interieur im halbjährlichen Rhythmus – ist mal indisch, nun afrikanisch inspiriert. Inhaber Giuseppe Dell'Anna wollte mit seinem loungigen Cafe einen Ort der Ruhe und Entspannung schaffen; einen Platz, an dem man wie zu Hause mit Freunden sitzen, plaudern und sich wohlfühlen kann. Für die passenden Getränke und die entsprechend gute Laune sorgt der „American Bartender" an der Bar mit seinen internationalen wie eigenen Cocktailkreationen; für den kulinarischen Genuss stehen kleine Speisen wie die italienischen Panini oder Sommersalate bereit. Besonders stimmungsvoll ist das Cafe Sol am Abend, wenn bei Kerzenschein das Interieur seine außergewöhnlichen Reize voll entfalten kann. Die Idee zu seinem Cafe kam Giuseppe Dell'Anna übrigens während eines Ibiza-Urlaubs – was sich am Wochenende offenbart, wenn gegen später die relaxte Atmosphäre in eine fröhliche Party-Stimmung übergeht.

Verde – Ristorante Bar

Verde
Ristorante Bar
Giuseppe Dell'Anna

Seestraße 41
83209 Prien am Chiemsee

Telefon 0 80 51 / 9 65 00 77
www.verde-prien.de

Grün steht für die Hoffnung wie auch für eine umweltbewusste Gesinnung: „Risto-Bar Verde" will mit seinem innovativen Konzept vor allem aufzeigen, wie man leger und ökologisch korrekt in vollendetem Genuss speisen kann.

Entsprechend seiner Vision setzte Inhaber Giuseppe Dell'Anna beim Interieur auf schlichte Formen und natürliche Materialien. So präsentiert sich das „Verde" mit massiven Holztischen und -bänken aus unbehandelter Eiche sowie Granitsteinböden in einem insgesamt reduzierten Ambiente. Im Eingangsbereich lädt die Lounge für den Aperitif vorab oder zum gemütlichen Verweilen ein. Die Speisekarte wandelt sich mit den Jahreszeiten alle drei Monate; dazu gibt es täglich wechselnde sowie mittägliche Spezialitäten, die auf den Schiefertafeln im Ristorante zu finden sind. Die exzellenten Gerichte sind typisch italienisch, dabei kreativ inspiriert: So der Risotto mit Artischocken, karamellisierten Zwiebeln, getrockneten Tomaten und Basilikumpesto, die hausgemachten schwarzen Bandnudeln mit Riesengarnelen und Lauch, das Steak vom Schwertfisch mit Chili-Koriander-Butter. Der Fisch stammt aus Wildfang, das Fleisch aus regionaler, artgerechter Haltung. Seine Pizza – auch Vollkorn – kann sich der Gast mit Köstlichkeiten aus der Antipasti-Vitrine selbst zusammenstellen.

Mit seinem modern interpretierten Ristorante will Giuseppe Dell'Anna für eine ökologische Gesinnung werben – ganz ohne Strenge oder Instruktion, dafür mit höchstem Genuss und italienischer Leichtigkeit: „Es lebe die Erde – V(iva)erde."

Chiemsee-Schirme

Chiemsee-Schirme.de GmbH
Patrizia Pfeiffer

Urschalling 5
83209 Prien am Chiemsee

Telefon 0 80 51 / 6 10-41
Telefax 0 80 51 / 6 10-47
www.chiemsee-schirme.de

Großformatige Sonnenschirme spenden nicht nur Schatten, sondern verleihen jedem Garten ein gepflegtes Ambiente von leichter Eleganz und mediterraner Kultur. Wer dabei zudem großen Wert auf Individualität, höchste Qualität und gediegene Ästhetik legt, ist mit Patrizia Pfeiffers „Chiemsee-Schirmen" bestens beraten.

2004 übernahm sie das 1999 gegründete Unternehmen, das idyllisch in Urschalling auf einer Anhöhe bei Prien liegt. Die formschönen wie funktionalen Schirme werden hier nach wie vor in bester Manier von Hand gefertigt. Damit sich der hochwertige Sonnenschutz harmonisch in das häusliche Gesamtambiente fügt, werden Größe, Farbe und Form – ob rund oder eckig – individuell nach Kundenwunsch „maßgeschneidert". Rund zehn Tage dauert es, bis das edle Teil vollendet ist. In der offenen Werkstatt kann der Besucher mit ansehen, wie die Bespannung zugeschnitten und genäht, die Latten, der Ständer und die Schiebestücke aus Fichten-, Erlen- oder Koto-Holz zusammengeschraubt werden. Für den Bezug stehen dem Kunden das naturweiße Segeltuch oder der Wasser und Schmutz abweisende Dralonstoff, der zudem vor UVA schützt, fäulnishemmend und fungizid ist, in uni oder gestreift zur Wahl. Ein solch qualitativer Sonnenschutz ist eine Investition fürs Leben, denn der äußerst haltbare Stoff kann leicht ausgebessert, repariert oder der Schirm gänzlich neu bezogen werden. Diesen Service bietet das Urschallinger Familienunternehmen auch für Schirme anderer Hersteller an.
Das Mindestmaß für einen Sonnenschutz dieser Kategorie beträgt im Durchmesser etwas über zwei

Meter. Beim größten Modell, das vier auf vier Meter umfasst, reichen die Latten des Schirms bis auf den Boden. Patrizia Pfeiffer steht für all diese Fragen mit Erfahrung und Rat zur Seite. Im Obergeschoss ihres Schauraums kann der Besucher zudem einzelne Modelle betrachten und testen, wie praktikabel die Schirme sind. Eine elegante Auswahl exklusiver Markisen sowie formschöner moderner Gartenmöbel namhafter Hersteller rundet das sommerliche Sortiment von „Chiemsee-Schirme" ab. Auf Wunsch bespannen Patrizia Pfeiffer und ihr Team das aus hochwertigem italienischem Buchenholz gefertigte Mobiliar passend zum jeweiligen Schirm.

Mittlerweile sitzen nicht nur in Oberbayern, sondern deutschlandweit Gäste derart komfortabel beschirmt in den Gärten von Hotels, Restaurants und Cafés sowie in den Anlagen privater Anwesen. Wenngleich der Luxus eines individuellen Sonnenschirms bislang nicht zu den typischen Statussymbolen zählt, so attestiert er doch seinem Besitzer in attraktiver Weise Qualitätsbewusstsein und Stil, Nachhaltigkeit und Lebensfreude – und damit letztlich eine Extravaganz der traditionellen Art.

Additive Bikes

Additive Bikes
Additive Sportartikel GmbH

Bernauer Straße 77
83209 Prien am Chiemsee

Telefon 0 80 51 / 9 65 76-0
Telefax 0 80 51 / 9 65 76-29
www.additive-bikes.com

Zu Fuß braucht der Wanderer bis zu drei Stunden, mit dem Radl vielleicht anderthalb. Christian Hefter bewältigt die 800 Höhenmeter von Bernau zur Steinlingalm auf der Kampenwand in 50 Minuten. Sein Geheimnis? Er fährt „oben ohne"!

Radl-Freunde wissen um die Last des Rucksacks beim Fahren. Praktikable und bequeme Alternativen gab es bisher kaum. Christian Hefter, seines Zeichens Maschinenbau-Ingenieur und von Haus aus ein gewiefter Tüftler – an die 40 Patente und Schutzmuster hat sich der junge Priener schon „ausgedacht" –, fand nun die optimale Lösung: eine speziell angefertigte Tasche, die fest und sicher im neu entwickelten doppelten Radrahmen sitzt. Mit ihr fährt er zwar nicht schneller, dafür aber komfortabler. Gemeinsam mit Frau Gaby sowie den Freunden Franz Mayer und Andi Seebauer gründete er 2006 das Unternehmen „Additive Bikes". In dem hübschen Haus an der Straße nach Prien erläutert die Crew mit Begeisterung alles Wissenswerte zu den „Zusatznutzen" ihrer neuen Fahrräder. Denn die passionierten Mountainbiker wissen genau, auf was es ankommt. Bei der Entwicklung wie auch der Umsetzung gingen sie akribisch vor und ließen kein Detail unbedacht – und sichern so den ultimativen Fahrspaß. Vorbei sind die Zeiten, in denen ein unhandlicher Rucksack auf den Rücken drückt und die Dynamik sowie die Geschwindigkeit beim Fahren beschränkt. Dank millimetergenauer Maßanfertigung steckt die von Hand gefertigte Tasche kompakt, ganz ohne zusätzliche Verschlüsse im Rahmen und ist dennoch leicht zu handhaben. Aus rund 20 Einzelteilen wird sie in Präzisionsarbeit im heimischen Chiemgau geschraubt, genietet und geklebt. Trotz ihres geringen Gewichts von rund 700 Gramm bietet sie ausreichend Platz für alles, was der Radler braucht: Je nach Ausführung fasst sie ein Volumen von zwölf, 13 oder 15 Litern. Sie ist oben schmal und läuft nach unten trapezförmig aus, damit der Radler die optimale Kniefreiheit hat. An den Berührungspunkten ist sie flexibel, beult aber dennoch nicht aus.

Ein weiterer Clou steckt in der Ausstattung: So lässt sie sich während des Fahrens leicht öffnen, verfügt neben zwei äußeren Netztaschen über eine herausnehmbare Innentasche für Wertsachen und bietet Platz für eine Trinkblase. Ein Tragegurt macht sie zudem zum „leichten Handgepäck" für jede Rast. In rund zwei Wochen werden die Bikes individuell nach Kundenwunsch aus 35 Einzelteilen konfektioniert: vom federleichten Speed- oder Trekkingbike über das schicke Stadtrad bis hin zum sportlich-rasanten High-End-Bike – dazu exklusive Styles mit Leder oder Swarovski-Kristallen. Bei solch Erfindergeist, technischer Raffinesse und ästhetischem Design lassen die Preise nicht lange auf sich warten – und so gewannen die Priener bislang etliche Innovationspreise und wurden für den Designpreis der Bundesrepublik Deutschland 2008 nominiert.
Wer nun nichts lieber möchte, als das neue Rad auszuprobieren, ist bei „Additive" herzlich willkommen. Tagsüber stellt das Team in Prien gern die Finessen seiner Modelle sowie Testbikes vor – am Abend jedoch sind sie eher auf der Kampenwand anzutreffen.

Aktiva Medici

Aktiva Medici AG

Hochfellnstraße 1
83209 Prien am Chiemsee

Telefon 0 80 51 / 96 56 88-0
Telefax 0 80 51 / 96 56 88-60
www.aktiva-medici.de

Um gesund und fit zu sein, muss man trainieren. Wer dies in einem anspruchsvollen, komfortablen wie stilvollen Ambiente tun möchte, dem sei der Gang ins „Aktiva Medici" empfohlen – sein innovatives Konzept macht Gesundheit zum Lifestyle-Element und Training zum universellen Lebensgefühl.

Das visionäre Konzept entstammt dem Sportwissenschaftler Josef Beil, der sich einst mit dem bekannten Sportarzt Hans-Wilhelm Müller-Wohlfahrt um die Rehabilitation von Spitzensportlern kümmerte. Um solch ein gesundheitsförderndes Fitnesstraining auch einem breiten Publikum zu eröffnen, setzte er 2004 mit seinen ehemaligen Mitarbeitern Andy Pronnet, Gerhard Flammersberger, Hans-Peter Huber und Claudia Haimerl die Idee eines neuartigen wie exklusiven Gesundheitszentrums um. Bei der Planung ging er akribisch vor, ließ kein Detail unbedacht. In einzigartiger Weise bündeln sich nun in Prien medizinisches und physiotherapeutisches Know-how mit Erkenntnissen aus Sportwissenschaft und Leistungsdiagnostik; unterstützt von einem erstklassigen Trainings-Equipment und eingebettet in ein elegantes wie stilvolles Wohlfühl-Ambiente, das Wellness und Entspannung bietet. 2004 eröffnet, wurde das Gesundheitszentrum 2006 von der Fachzeitschrift „body LIFE" zum „Club des Jahres" innerhalb Deutschlands, Österreich und der Schweiz ernannt. Was nicht verwundert: Auf insgesamt rund 1 000 Quadratmetern Fläche – rund ein Drittel davon ist dem Training gewidmet – präsentiert sich das „Aktiva Medici" in einer außergewöhnlich stimmungsvollen Atmosphäre, die nichts gemein hat mit hinlänglich bekannten Fitnessstudios. Das edle, aus Massivholz gefertigte Interieur lädt zum Verweilen ein – ob im Wintergarten oder an der zentral gelegenen Bar. Ein ausgeklügeltes

Beleuchtungskonzept mit unzähligen Spots und zwei von Blattgold überzogenen Deckenlampen spendet dezente Helligkeit und lässt die Strapazen des Workouts in einem angenehmen Licht erscheinen. Große Kübelpflanzen sowie die umlaufenden, von Ranken umrahmten Fensterfronten führen den Blick stets ins Grüne und sorgen für eine freundliche wie luftige Atmosphäre. Auch beim Personal geht das „Aktiva Medici" keine Kompromisse ein; dem Trainingswilligen stehen ausschließlich erfahrene Sportwissenschaftler, Physiotherapeuten und Diplom-Sportlehrer zur Seite. Mit einem fundierten Muskelfunktionstest stellt der persönliche Betreuer die individuelle Leistungsfähigkeit eines Mitglieds fest. Darauf aufbauend erarbeitet er einen Trainingsplan, der die anvisierten Ziele effektiv und zeitnah erreichbar

macht – sei es um abzunehmen, fit zu werden, bestehenden orthopädischen Beschwerden zu begegnen oder um die eigene sportliche Leistungsfähigkeit voranzutreiben. Trainiert wird an biomechanisch ausgereiften Geräten neuester Technologie, die allesamt computergesteuert und weltweit vernetzt sind. Über die Eingabe eines Codes meldet sich der Trainierende am Terminal an und findet an seinen Geräten die entsprechenden Sitzmaße, die zu hebenden Gewichte sowie die geplanten Leistungseinheiten vor. Über Signaltöne erfährt er, ob der Rhythmus oder die Ausgestaltung der Übung richtig war. Im Gegenzug werden alle Trainingseinheiten und gehobenen Gewichte registriert. Betreuer wie Trainierende sind so stets über den aktuellen Stand des Workouts informiert – ebenso aber auch über ausgefallene oder verkürzte Sitzungen, was enorm zur Motivation und Disziplin beiträgt! Das knapp 40 Personen starke Präventionsteam des „Aktiva Medici" hat aber noch eine Fülle weiterer Kurse im Programm, die unter aufpeitschender wie entspannender Musik stattfinden – von Pilates und Yoga über Wirbelsäulengymnastik und Body-Art-Variations bis hin zum Indoor-Cycling und Powertraining. Zudem gibt es Outdoor-Veranstaltungen wie Nordic Walking, Ski- oder Mountainbike-Ausfahrten, Wanderungen oder gemeinsames Schlittschuhlaufen. Damit sich die „Großen" für die Zeit ihres Aufenthalts ganz ihrem schweißtreibenden Sport oder der wohltuenden Entspannung widmen können, sorgen die ausgebildeten Erzieherinnen im „Bambini Medici" mit ihrem wöchentlich wechselnden Programm dafür, dass auch die kleinen Gäste sich wohlfühlen. Kostenfreie Vorträge von Ärzten oder hauseigenen Spezialisten runden das allumfassende Gesundheitskonzept des „Aktiva Medici" ab. Die acht Personen starke Physiotherapie steht allen Patienten offen; sie können sich hier einer klassischen Krankengymnastik, einer Lymphdrainage oder einer Manuellen Therapie unterziehen – als Selbstzahler wie auf Rezept. Auch hier offenbart sich ein eher ungewohnter Komfort – alle fünf Räume sind hell und tageslichtdurchflutet; die Beleuchtung wurde so platziert, dass sie den Patienten auch beim Liegen nicht blendet. Jede Kabine verfügt zudem über einen Computer, in dem

die Therapeuten die Daten abgleichen und dokumentieren können. Der Erholung Suchende kann sich darüber hinaus im angenehm ausgeleuchteten Raum den entspannenden Griffen einer aromatischen Duftölmassage hingeben. Verwöhnten Genießern bietet das „Aktiva Medici“ ein weiteres, ganz besonderes „Zuckerl“: Der orientalische Hamam verführt auf 160 Quadratmetern mit seiner authentischen Atmosphäre in ein Reich aus Tausendundeiner Nacht. Während sich nach dem anstrengenden Training die Muskeln auf den warmen Steinbänken lockern, verliert auch der Körper sowie der Geist seine Anspannung – und damit letztlich der Alltag an Bedeutung. Man lauscht in völliger Harmonie dem sanften Klappern der Schüsseln sowie dem angenehmen Plätschern des Wassers; voller Vorfreude sieht man den nachfolgenden Peelings und Massagen entgegen – sei es „Cleopatra's Ritual der Schönheit“, der Ganzkörpermassage mit Ziegenmilch und Rosenöl, oder der „Süßen Verführung“, einer Schokoladenmassage für Gesicht und Körper. Anschließend findet man – mit

gereinigtem Körper und Geist – bei Tee, Obst und Ayran zur inneren Ruhe und zu sich selbst.
Ganz gleich, ob Sie ihren Körper auspowern oder das innere Gleichgewicht finden möchten – das „Aktiva Medici“ weist den Weg zu innerer wie äußerer Stärke; und vermittelt dazu viel Freude, denn bei allen auch noch so kraftraubenden Aktivitäten ist ein Lächeln ausdrücklich erwünscht.

Leben und wohnen im Chiemgau

Der Chiemgau ist reich an wunderschönen Bauernhäusern. Typisch für die hiesige oberbayerische Bauweise sind die schön ausgearbeiteten Pfettenbretter, die an den Dächern – Zapfen gleich – angebracht sind. Sie zieren den Dachstuhl und schützen zugleich seine längs durchs Haus verlaufenden, tragenden Balken vor Wind und Wetter. Ein ebenso bezeichnendes Merkmal alpenländischer Architektur sind die großzügigen, mit Holz verkleideten Balkone, von denen zur Sommerzeit Tausende rot blühende Geranien strahlen – sie wurden zum charmanten Symbol Chiemgauer Gastlichkeit. Bei allem harmonischen

Gleichklang dürfte dem aufmerksamen Betrachter dennoch beim Schlendern durch die reizvollen Ortschaften nicht entgangen sein, dass hie und da sich ein besonders stattliches Bauernhaus ganz ohne solch alpenländisches Schmuckstück präsentiert. Es könnte sich dabei um einen sogenannten Itakerhof handeln. Der Name stammt aus dem Volksmund und ist an die italienischen Erbauer angelehnt, die als Bauarbeiter oder gar – wie manche meinen – als Bauherren den Chiemgau mit ihren kunstfertigen handwerklichen Fähigkeiten um eine italienisch angehauchte Architektur bereicherten. Ob die meist aus Friaul stammenden Bauarbeiter nun federführend den Stil des Hauses bestimmten oder nur die Visionen hiesiger Architekten umsetzten, lässt sich nicht eindeutig belegen. Offensichtlich ist jedoch, dass diese Bauten in ihrer Architektur von der alpenländischen Bauweise in vielerlei Hinsicht abweichen – und eben ohne die hier so beliebten Balkone auskommen. Sicher ist auch, dass in der zweiten Hälfte des 19. Jahrhunderts etliche Saisonarbeiter aus Norditalien über die Alpen in den Chiemgau kamen, um hier in kleinen Bautrupps von Hof zu Hof und Dorf zu Dorf zu ziehen und ihre

vortrefflichen Handwerkskünste anzubieten. Von der Kunstmühle in Rosenheim heißt es, dass sie im Jahre 1860 Mengen von Mais mahlte, die als Polenta zur Speisung der hier verweilenden Saisonarbeiter diente. Während beim Bau vieler Bauernhöfe stets auch wirtschaftliche Überlegungen maßgebend waren, bestechen die Itakerhöfe in ihrer Ästhetik und ihrem ausgeprägten Sinn für Proportionen. So beeindrucken die Einfirsthöfe in ihrer äußerst stattlich und großzügig gehaltenen Konzeption. Die Firsthöhe beträgt im Schnitt zwölf Meter, auch die Fenster sowie der Türstock sind deutlich höher als bei einheimischen Bauwerken. Sie verfügen zudem über eine Vielzahl von Fenstern, die ein oder mehrere Geschossflächen auch vortäuschen können. Wer einen Itakerhof zum ersten Mal betritt, wird sogleich von der großzügigen und dennoch heimeligen Atmosphäre überwältigt sein, die sich ihm eröffnet und die ihn in herzlichster Weise willkommen heißt: Der Fletz – der Hausflur – ist oft bis zu vier Meter breit und beinahe drei Meter hoch. Der Weg von der Eingangs- bis zur gegenüberliegenden (ehemaligen) Stalltür kann bis zu zwölf Meter betragen. Früher standen kurz vor dem Stall Tisch und Bänke für das Gesinde parat, das sich hier zu seinen Mahlzeiten versammelte. Der Fletz diente aber teilweise auch als stimmungsvolle Stätte für Feste und Vergnügungen und wurde nachgewiesenermaßen zum Musizieren und zum Tanz quasi wie ein Saal benutzt. Die Treppen ins Obergeschoss sind in den Itakerhöfen geradezu herrschaftlich gehalten; die Dachstühle ebensolche Meisterwerke der Baukunst. Die Fenster des Giebels werden entweder so arrangiert, dass von außen der Eindruck eines weiteren Stockwerks erweckt wird, oder sind bei kleineren Höfen halbbogenförmig ausgeführt. Oftmals reichen die Fenster bis auf den Boden, womit das Tageslicht optimal einfallen kann. Damit die äußere Ästhetik in bester Weise harmonisch gewahrt bleibt, verläuft unter diesen Fenstern an der äußeren Hauswand ein Mauerwerk entlang, das die Höhe des Hofes optisch drückt und so einen in sich wohl proportionierten Gesamteindruck entstehen lässt. Viel Licht flutet auch durch die großen Stubnfenster, die im krassen Gegenzug zu den bäuerlichen kleinen Fensteröffnungen stehen; die Stubn verfügen zudem – einem Saal gleich – über eine Höhe von bis zu drei Metern. Was sich im warmen Süden als ideal herausstellt, entspricht nicht unbedingt den Anforderungen und Notwendigkeiten einer Region, die durch lange harte Winter und dementsprechende Kälteperioden gekennzeichnet ist. Weshalb bei manchem Itakerhof die Bauern ihre Decken später mittels Holz wieder etwas tiefer legten. Dessen ungeachtet spricht vieles dafür, dass sich vornehmlich reiche Bauern oder Hausbesitzer diesen repräsentativen wie herrschaftlichen Luxus leisten konnten und wollten, denn der Bau in dieser

Ausstattung muss ein Vermögen gekostet haben. Zudem finden sich stets nur einzelne Itakerhöfe, nie prägen sie ein Ortsbild oder sind andere, in ähnlicher Weise ausgestattete Häuser in der unmittelbaren nachbarschaftlichen Nähe. Es handelt sich somit um architektonische Unikate, die in ihrer Besonderheit und Einzigartigkeit den Chiemgau um einen weiteren bezaubernden Aspekt reicher machen.
Zu finden sind solch beeindruckende Bauernhäuser vor allem im westlichen Chiemgau, in der Region zwischen der Eggstätter Seenplatte und dem Fuß der Kampenwand sowie zwischen Prien und Rosenheim. Hier sind bisher 24 Itakerhöfe nachgewiesen – einer davon ist der weithin bekannte „Hirzinger", Gasthof zur Post in Söllhuben. Als ursprüngliches, typisch bayerisches Wirtshaus ist er zudem öffentlich zugänglich und somit bestens geeignet, um als attraktives Anschauungsexemplar zu dienen, in dem die Atmosphäre eines Itakerhofes in wunderbarer Weise nachempfunden werden kann.

Prächtiger Itakerhof in Söllhuben

Jachthafen Jell-Förg

Jachthafen Jell-Förg
Marianne Jell-Förg

Königstraße 47
83254 Breitbrunn am Chiemsee

Telefon 0 80 54 / 3 61
Telefax 0 80 54 / 70 29
www.ferienwohnungen-am-chiemsee.de

Nur mit dem wohlwollenden Blick auf das Vergangene kann die Zukunft sinnvoll gestaltet werden – so könnte man in Kürze die Philosophie von Marianne Jell-Förg umschreiben.

Bei den Förgs – einer alteingesessenen Chiemgauer Familie – drehte sich seit jeher alles ums Wasser. Marianne Jell-Förg blickt auf eine lange Familientradition zurück, die bis ins 16. Jahrhundert reicht. Ihr Urgroßvater Johann Baptist Förg war Schiffer und Fährmann. Er ruderte – wie es der Name Förg (aus dem mittelhochdeutschen Verge oder Verje abgeleitet) besagt – in der zweiten Hälfte des 19. Jahrhunderts von der kleinen Landzunge Urfahrn aus hinaus auf den See, um zu fischen oder Personen auf die nahe Herreninsel zu befördern. Die Stelle gilt als ideal, da sie die kürzeste Distanz birgt. Und so trug es sich zu, dass Johann Baptist Förg die große Ehre zuteil wurde, König Ludwig II. höchstpersönlich zu seinem Herrenchiemsee hinüber zu schiffen, der dazu übrigens nur des Nachts anreiste. Noch heute erinnert der Name der zum See führenden Königstraße an dieses Ereignis.

Seither ist viel Zeit vergangen – gefischt wird schon lange nicht mehr und auch der Name der Förgs hat sich im Laufe der Jahre verändert. Das Domizil von Marianne Jell-Förg und ihrer Familie liegt nun ein Stück weiter landeinwärts – die Nähe zum See ist aber geblieben. Die ruhige Lage sowie der direkte Zugang zum See zogen bereits in den 1920er-Jahren Ausflügler und erste Gäste an. Die Förgs begannen, Boote zu verleihen; zunächst nur einige Ruder-, später auch wenige Segelboote. Heute liegen in der idyllischen Bucht an die 100 Boote im Hafen. Mit dem Ausbau des Jachthafens wuchs auch das Haus zum heutigen, durch etliche An- und Umbauten leicht verwinkelten entzückenden Anwesen. 1953 eröffnete die Familie mit ihrem „Fährwirt" ein gemütliches Wirtshaus, das zudem für Segler und Sommerfrischler einige Zimmer bereithielt. Die Gastronomie gab die innovative Familie mittlerweile wieder auf, ihre Gäste logieren dafür heute in komfortablen und mit sehr viel Geschmack ausgestatteten Ferienwohnungen. Als Liebhaberin und eifrige Sammlerin von ausge-

suchten Antiquitäten konnte Marianne Jell-Förg bei der Ausgestaltung ihrer Wohnräume aus dem eigenen reichhaltigen Fundus schöpfen. Da es ihrer Überzeugung entspricht, den Faden der Vergangenheit sinnvoll in die Zukunft weiterzuspinnen, verbindet sie dabei gekonnt alt und neu; kombiniert sie jahrhundertealte barocke Spiegel, handbemalte Bauernschränke und urige Küchentische mit zeitgemäßen Accessoires, frischen Farben und edlen Stoffen. Vornehme Bäder, stilvolle Keramik und liebevolle Details wie die kleinen „Bücherecken" runden das harmonische wie gemütliche Interieur ab, das in leichter Eleganz, heiter und voller Lebensfreude erstrahlt. Und dass der Gast von jeder Wohnung – sei es von der mit Glyzinien überrankten Terrasse oder dem hübschen Balkon – einen bezaubernden Blick auf den See und den kleinen Jachthafen hat, versteht sich von selbst. Denn bei allem Wandel dreht sich bei den Förgs nach wie vor alles ums Wasser.

Andrea Jell – wohnen mit Stoffen

A. J. Einrichtungen
Andrea Jell

Königstraße 47
83254 Breitbrunn am Chiemsee

Telefon 0 80 54 / 90 26 62
Telefax 0 80 54 / 90 26 63
www.wohnen-mit-stoffen.de

Farben verändern unser Leben, sie wecken Stimmungen und Gefühle, sie lassen uns jünger und frischer aussehen. Auch im Wohnraum entfalten sie ihre Wirkung – meist ohne, dass uns dies direkt bewusst wird.

Wer sich bei der Wohnraumgestaltung professionelle Hilfe sichern will, ist bei Andrea Jell in besten Händen. In ihrem stimmungsvollen Atelier im idyllischen Urfahrn – das nach Terminvereinbarung allen Interessierten offensteht – findet der Gast eine kleine Auswahl gelungener Wohnideen sowie ein rund 10 000 Muster umfassendes exquisites Stoffrepertoire. Hauptsächlich agiert die Spezialistin aber vor Ort beim Kunden – hier in seinem Zuhause erkundet sie individuelle Wünsche und Vorlieben, berät sie hinsichtlich geschmackvoller wie praktikabler Gestaltungsmöglichkeiten. Dabei entwickelt sie gemeinsam mit ihren Kunden ein stimmiges Farb- und Wohnkonzept, das neben der Auswahl edler Dekorations- und Bezugsstoffe für Haus und Garten auch Tapeten und Teppiche sowie Rollo- und Verdunklungssysteme umfasst. In ihrem Repertoire ist Andrea Jell dabei äußerst vielseitig

und bietet von puristisch und modern über zeitlos und elegant bis hin zu gemütlich und traditionell alles, was die individuellen Wohnträume Wirklichkeit werden lässt. Gerne kombiniert sie dabei Ungewöhnliches und setzt so gekonnt effektvolle Akzente.

Die Leidenschaft für Stoffe entdeckte Andrea Jell vor rund 20 Jahren; mit Hingabe eignete sie sich ein profundes Fachwissen sowie Erfahrung über die faszinierende Vielfalt von Materialien, Mustern und deren Pflege an – ebenso wie über die Geheimnisse der Farbenpsychologie. Denn die sympathische junge Frau geht bei ihrer Arbeit behutsam und intuitiv vor. Vor ihrem inneren Auge lässt sie ein Szenarium entstehen, in dessen Zentrum der Kunde steht – gleich einem Akteur auf seiner Bühne. Ihr kommt es nun zu, das stimmige „Bühnenbild" zu entwerfen, das sich harmonisch zum gesamten Wohnensemble fügt, zum Kunden und seiner persönlichen Lebensart passt und in dem er sich wohl und zu Hause fühlt. Neben ausgeprägter Stilsicherheit und guter Menschenkenntnis ist Vertrauen und Diskretion unumgänglich. Nach der Entscheidungsfindung, der Abwicklung und Realisation ist der Service von Andrea Jell aber noch lange nicht zu Ende. Vielmehr fungiert sie auch nach der eigentlichen Umsetzung, bei der sie stets zugegen ist, als kompetente und zuverlässige Ansprechpartnerin für alle Fragen rund um Pflege und Gebrauch der Polster, Kissen und Vorhänge.

Wie Kleider Leute machen, kann auch ein „Tapetenwechsel" seine Bewohner verwandeln, darauf weist die Spezialistin stets hin. Manch einer findet damit zur gewünschten Ruhe, ein anderer zur begehrten Leichtigkeit – und mancher verändert danach gleich sein ganzes Leben …

Michaela von Treu – Landhauskonzepte

Michaela von Treu
Immobilien und Landhauskonzepte

Rosenstraße 16
83254 Breitbrunn am Chiemsee

Telefon 0 80 54 / 90 23 96
Telefax 0 80 54 / 90 23 97
www.vontreu.com

Wohnen heißt, sich geborgen fühlen. Bei Michaela von Treu stellte sich dieses Gefühl während eines Aufenthalts in Neuengland ein – und ließ sie nie wieder los. Ebenso der Wunsch, selbst in einem solch heimeligen Wohnraum leben zu können. 2004 ging ihr Traum in Erfüllung – sie baute sich in Breitbrunn ein Haus im typisch neuenglischen Stil.

Stimmig und harmonisch reiht sich das im eleganten Vanille-Ton gehaltene Holzhaus in die hübsche Wohnhausgegend ein. Von außen besticht das bezaubernde Haus in seiner formvollendeten Grazie, die trotz aller Symmetrie leicht und heiter sowie ungemein einladend wirkt. Das mag an der farbig hervorgehobenen Haustüre liegen, die in ihrem warmen Dunkelrot den Gast zugleich willkommen heißt, könnte aber ebenso vom Garten herrühren, der mit zahllosen blühenden Hortensien, Azaleen und englischen Rosen zum Verweilen einlädt. Im Inneren empfangen uns offene, ineinander übergehende Räume in kräftigen Farben: grün die Küche, graugrün das Esszimmer, curry der Wohnraum und kaminrot das Fernsehzimmer. Dabei wiederholen sich die Töne des einen im Interieur des anderen, sodass sich beim Besucher schnell eine entspannte harmonische Stimmung breit macht. Viele Sprossenfenster lassen die Räume hell und freundlich wirken und ermöglichen stets den Blick ins Grüne. Beim Mobiliar dominieren Antiquitäten, die teils aus dem Familienbesitz, teils von Antiquitätenläden und Flohmärkten aus aller Welt stammen. Stimmig zum Landhausstil finden sich viele Tiermotive in Gemälden, Skulpturen und Stichen; sie zeugen von der Leidenschaft der von Treus – die auch an den reizenden zwei Vierbeinern „Lenchen" und „Piggy" sowie den schnurrenden Hausbewohnern „Lilly" und „Romeo" zu erkennen ist. Was Michaela von Treu mit leichter Hand inszeniert, kann in jeder kleinen Wohneinheit sowie in ansehnlichen Landhäusern umgesetzt werden – oftmals genügen Nuancen, um Räumen neuen Charme zu verleihen. Auf Wunsch unterstützt die liebenswerte wie distinguierte Wahl-Chiemgauerin, die seit 1971

nach wie vor ein- bis zweimal jährlich nach Neuengland reist, ihre Kunden bei der Umgestaltung ihres Wohnraums sowie bei der Wahl der zum individuellen Stil des Hauses passenden Stoffe und Accessoires. Für jene, die sich komplett verändern möchten, vermittelt sie zudem – in vertrauensvoller Weise – hochwertige Immobilien und Grundstücke.
Vor rund 350 Jahren zog es die ersten Siedler nach Amerika; um sich hier ein Stück Heimat zu bewahren, bauten sie ihre Häuser im europäischen Stil. Mit der Zeit vermischten sich die unterschiedlichen Architekturen zu einem harmonischen wie anheimelnden Landhausstil, der stets Elemente der irischen, skandinavischen, französischen oder englischen Herkunft zu erkennen gibt; entsprechend seines Ursprungs präsentiert er sich weniger herrschaftlich als vielmehr unaufdringlich und mit schlichtem Charme. In ähnlicher Weise will auch Michaela von Treu mit ihren Landhauskonzepten eine Harmonie stiftende Eintracht schaffen, die aus dem gelungenen Zusammenspiel von Farben, Stoffen und Accessoires entsteht und ihre Bewohner in Geborgenheit und Lebensfreude hüllt; und verwandelt damit – beinahe nebenbei – schönen Wohnraum in ein wohliges Zuhause.

Tango Argentino

Tango Argentino
Benjamin Wronn und Claudia Plenkers-Wronn

Königstraße 35
83254 Breitbrunn am Chiemsee

Telefon 0 80 54 / 90 85 95
Mobil 01 77 / 5 33 62 50
www.tangochiemsee.de

Tango wird gern mit Sehnsucht, Schmerz und inniger Verschmelzung verbunden; viele empfinden ihn als melancholisch oder anrüchig. Nach dem Verständnis von Benjamin und Claudia Wronn ist er ein improvisiertes Bewegen zur Musik, bei dem die Melodie getanzt wird und nicht eine bestimmte Abfolge festgelegter Figuren.

Zwar existiert ein Grundrepertoire an Schritten und Drehungen, wie und wann sie die Tänzer einsetzen und daraus immer neue Figuren erschaffen, bleibt jedoch ihnen und ihrer Interpretation überlassen – was den Tango so unendlich spannend und kreativ macht. Dem Paar obliegen feste Rollen, die Kommunikation erfolgt über die Körpersprache: Er führt – sie verführt zum Schritt. Die Frau muss darauf vertrauen, dass ein Impuls kommt – hinfühlen, ihn aufnehmen und umsetzen. Tangotanzen bedeutet somit zu führen und zu folgen, ist ein Spiel aus Nähe und Distanz, aus Hingabe und Loslassen – und damit ein Stück Selbsterfahrung. Der Mediziner und die Kunsttherapeutin geben sich seit über zehn Jahren dieser Leidenschaft hin, lernten in Workshops bei argentinischen Profis und besuchten weltweit zahlreiche Milongas (Tanzabende). Seit 2007 im Chiemgau ansässig, wollten sie hier eine Tangoszene initiieren und die Region für ihre Passion begeistern. An ihren Kursen kann jeder teilnehmen, gleich welchen Alters, ob als Einzelner oder als Paar.
Für die beiden Düsseldorfer ist Tango der poetischste aller Tänze, bei dem die Energie von Musik und Text auf die Tanzenden übergeht, die für die Dauer eines Tangos verschmelzen, um sich danach neu zu finden – für sie ist Tango getanztes Leben.

chthafen in Urfahrn

Hofanger – See · Restaurant · Kunst

Hofanger – See · Restaurant · Kunst
Sabine Karadzos und Hans-Jürgen Hacker

Seestraße 6
83257 Gstadt am Chiemsee

Telefon 0 80 54 / 90 84 47
www.hofanger.de

Der Chiemsee wird gern als das bayerische Meer bezeichnet – ein Besuch im „Hofanger" offenbart, wie treffend dies ist. Der moderne halbrunde Glasbau gestattet einen faszinierenden Panoramablick auf See und Berge, der Grenzen verschwimmen lässt und den Eindruck erweckt, man befinde sich in mediterranen Gefilden.

Sabine Karadzos und ihr Mann Hans-Jürgen Hacker statteten das elegante puristische Interieur des 2007 eröffneten Restaurants bewusst reduziert aus – im „Hofanger" ist die Natur das zentrale Gestaltungselement. Und die ist hier bei jedem Wetter von überwältigender Schönheit: Die exponierte Lage präsentiert einen der schönsten Ausblicke auf den See, die Fraueninsel und die umrahmenden Berge, der von allen Plätzen einsehbar ist. Sabine Karadzos' und Hans-Jürgen Hackers Intention war es, eine Heimstatt zu schaffen, die Genuss für alle Sinne bietet, an der sich der Gast wohlfühlen und entspannen, er sinnieren, träumen und schlemmen kann. Die halbrunde Lounge lädt mit vielen, in kräftigen Farben gehaltenen Kissen zum gemütlichen Sitzen, Lesen und Verweilen ein. Eine weitere Wohltat fürs Auge sind die wechselnden Ausstellungen heimischer Künstler, die sich gelungen in das Ambiente des Restaurants einfügen – so die glitzernden Glasprismen, interessante Steinskulpturen oder gelungene Gemälde. Das Herzstück des „Hofangers" ist die großzügige Terrasse, die jeden Gast in Urlaubslaune versetzt. Mondän die „erste Reihe" mit ihren gemütlichen Loom-Chairs, die sich bestens für ein stilvolles Menü eignet. Geschmackvoll die kleinen charmanten Zweiertische aus Teakholz, die – versetzt auf zwei Ebenen – zur kühlenden Erfrischung, zum schnellen Espresso oder zum anregenden Aperitif noch eine leichte Brise vom See kredenzen. Der Spaß, der vom benachbarten Strandbad mit kleinem Steg herüberweht, verstärkt die angenehm heitere Stimmung, die sich üblicherweise bei Sonne, Strand und Meer einstellt. Im Sommer grillt Chefkoch Hans-Jürgen Hacker im Freien köstliche Lammkoteletts, frischen Chiemseefisch oder knackiges Gemüse sowie herzhafte Würstl und Spareribs. In der übrigen Zeit bietet seine durchgängige, moderne und leichte Küche neben täglich frisch zubereiteten bayerischen Spezialitäten wie Krusten- und Zwiebelrostbraten ein individuell wählbares Speisenangebot:

Der Gast kann mediterranes oder heimisches Gemüse zu Pute oder Ochsenlende ordern; die mundgerechten, mit Wildkräutern, Gänseblümchen oder Kapuzinerkresse verfeinerten Salate mit Pute, Wildlachsstreifen oder Scampi-Spieß bestellen. Ebenso stehen hausgemachte Gnocchi und Pasta wie Penne oder Tagliatelle für derlei Kombinationen zur Verfügung oder werden schlicht mit bestem toskanischen Olivenöl, Fleur de Sel und frisch geriebenem Parmesan serviert. Hausgemachte Strudel mit Apfel, Kirsch, Aprikose oder Mohn in Begleitung von Vanillesauce, Eis und Sahne runden das kulinarische Angebot ab. Im Biergarten mit Kiosk finden sich zudem Köstlichkeiten für die schnelle Einkehr.

Und so kann der Gast im „Hofanger" genussvolle Stunden verbringen – während Boote vorbeiziehen und Radler hinwegeilen den Blick über die Weite des Meeres schweifen lassen und hingebungsvoll dem Schlag der Wellen lauschen.

Insel im See – Ort der Kraft und Besinnung

Der Fraueninsel obliegt ein ganz besonderer, ungemein bezaubernder Charme, der sich aus vielen außergewöhnlich reizvollen Details ergibt – so entzücken die verträumten Gärten der Insulaner in ihrer schlichten Blumenpracht; begeistern die kleinen privaten Molen und Häfen sowie die dazwischenliegenden Landflächen, die die Anwohner zu beschaulichen Plätzen zum Verweilen verwandelten, ebenso die Netze der Fischer, die an den Ufern zum Trocknen aufgehängt sind. Dazu gesellen sich alteingesessene historische Wirtshäuser, in denen der Hauch der einstigen Künstlerkolonie nach wie vor zu verspüren ist, sowie hübsche Geschäfte der ansässigen Kunsthandwerker, die ihre Schmuckstücke rund ums Haus zur Schau stellen. Nicht zu vergessen sind dabei die kulturhistorischen Kostbarkeiten wie der eigenwillige Campanile, der mit seinem Zwiebelturm zum Wahrzeichen des Chiemgaus wurde, das altehrwürdige Münster – und vor allen Dingen der Ehrenschrein der seligen Irmengard, der Schutzpatronin des Chiemgaus, der in der Irmengard-Kapelle aufgebahrt ist und nach wie vor zahlreiche Gläubige aus aller Welt zum stillen Gebet und Innehalten bewegt.

Das Benediktinerkloster Frauenchiemsee – auch Frauenwörth genannt – wurde 782 von Herzog Tassilo gegründet; es gilt als eines der ältesten in Deutschland. Um 850 brachte König Ludwig der Deutsche seine Tochter Irmengard – eine Urenkelin von Karl dem Großen – als Äbtissin ins Kloster, um das etwas verwahrloste Haus wieder aufzubauen. Viele betrachten die heilige Irmengard daher auch als „zweite Stifterin“ des Klosters. Ihre Frömmigkeit, Nächstenliebe und Fürsorge machte sie weit über ihr Eiland hinaus bekannt. Überliefert ist, dass es während ihrer Anwesenheit keine Armut am Chiemsee gegeben habe. Noch heute wird sie verehrt und nach wie vor pilgern Chiemgauer wie Gäste zur Irmengard-Kapelle im Münster, wo ihre sterblichen Überreste in einem Kristallglasschrein aufgebahrt sind – umgeben von unzähligen Votivtafeln, Danksagungen und vielen brennenden Kerzen, die von ihrer wunderbaren Hilfe zeugen. Sie wurde offiziell 1928 seliggesprochen – ihres Todestages gedenkt man alljährlich jeweils am Sonntag vor oder nach dem 16. Juli mit einer würdevollen Feier.

Nach der Säkularisation 1803 verschwand ein Großteil der Nonnen und die ab 1828 einkehrenden Künstler fanden in den Räumen des Klosters eine kostengünstige Bleibe. 1836 ließ König Ludwig I. das Kloster wieder aufleben unter der Auflage, dass sich die Nonnen nun auch der schulischen Erziehung von Mädchen widmen sollten. Das Internat auf Frauenwörth existierte bis 1995; auch einige Buben der Insel gingen hier zur Schule. Das Kloster versorgte sich stets selbst, weshalb sich viele Handwerker auf der Insel niederließen wie die heute noch ansässige Insel-Töpferei Klampfleuthner. In den Sitzreihen des Münsters weisen Tafeln mit alten Bezeichnungen wie Gürtler, Schuster, Heizer oder Hafner auf die einst hier agierenden Handwerker hin. Der Hafner Klampfleuthner stellte die Keramiken für das Geschirr und die Behältnisse des täglichen Gebrauchs sowie für religiöse Zeremonien im Kloster her. Noch immer verfügt die Insel-Töpferei über antike Model aus dieser Zeit. Im großzügigen Klosterladen findet der Besucher heute Besinnliches wie Literatur zu religiösen Themen, aber auch Leibhaftiges wie die nach überlieferten Klosterrezepten hergestellten Kräuterliköre sowie hausgemachtes Marzipan und Lebkuchen. Daneben wartet das Kloster mit einem umfangreichen, breit gefächerten Seminar- und Kursprogramm auf, das nicht nur religiöse Themen, sondern auch weltliche Gedanken aus angrenzenden Gebieten wie der Psychologie oder den Philosophien anderer Kulturkreise beinhaltet sowie ayurvedische Kochkurse, Qigong oder Tai-Chi. Interessierte können zudem einige Tage im Kloster verbringen, um die benediktinische Lebensweise kennenzulernen. Zur Klosteranlage gehören der freistehende achteckige und 36 Meter hohe Glockenturm, der Campanile, dessen Ursprünge ins 12. Jahrhundert zurückreichen. Seine typisch bayerische Zwiebelkuppe erhielt er erst 1573. Das Münster stammt aus dem ersten Jahrtausend und wurde mehrmals umgebaut, weshalb es viele kunsthistorische Stile vereint. Die gegenüberliegende karolingische Torhalle gilt als eines der ältesten original erhaltenen Denkmäler Bayerns sowie als ältester Hochbau Süddeutschlands; sie stammt noch aus der Gründungszeit des Klosters. Im nah am Uferweg gelegenen, hübsch blühenden Klostergarten werden neben Obst und Gemüse auch klassische Kräuter nach den Weisungen der Äbtissin Hildegard von Bingen angebaut.

Auf der autofreien Fraueninsel leben neben dem Kloster und seinen Nonnen knapp 200 Personen in etwa 50 Häusern – darunter allein fünf alteingesessene Fischerfamilien sowie die Insel-Töpferei der Familie Klampfleuthner, die 2009 ihr 400-jähriges Bestehen

Blick zu Fraueninsel

Fraueninsel

feiert. Ihre außergewöhnlich attraktiven Kachelöfen wärmen nicht nur die Stubn hiesiger Wirte, sondern zieren in ganz Deutschland sowie in Österreich die Wohnräume. Das Leben auf der Insel ist dabei nicht immer leicht; gerade die kalte Jahreszeit mit ihren nebligen Tagen, in der die Insulaner weitestgehend auf sich gestellt sind, kann schon bedrückend wirken. Auch die alltäglichen Notwendigkeiten können zur Qual werden, wenn in harten Wintern der See zugefroren ist und die Schifffahrtsgesellschaft nur mehr eine kleine Schneise auf dem Seeweg nach Gstadt offenhält. Hartgesottene machen sich hier auch schon einmal zu Fuß auf den Weg. Gefährlich ist die Fahrt über den See auch des Nachts, wenn der Nebel die Orientierung erschwert – weshalb alle Fraueninsulaner Boote mit Radar, Standheizung sowie beheizbaren Frontscheiben besitzen. Die Fraueninsel wartet auch im Winter mit einer besonders zauberhaften Rarität auf – dem deutschlandweit einzigen Inselchristkindlmarkt, der nur an zwei Wochenenden im Dezember stattfindet. Er bietet neben Lesungen von Advents- und Weihnachtsgeschichten in der Torhalle, die zum Teil von prominenten Akteuren gehalten werden, auch klassische Weihnachtskonzerte sowie alpenländisches Adventssingen. Dazu ist die Fraueninsel ganz wunderbar beleuchtet sowie mit unzähligen Ständen bestückt, die feinstes Kunsthandwerk, liebreizende Holzschnitzereien und viele andere Geschenkideen für die „stade Zeit" anbieten. Dazu natürlich auch allerlei Köstliches wie geräucherte Fischspezialitäten, heiße Suppen und Maroni sowie Punsch und Glühwein.

Die Idylle und Anmut der Fraueninsel ist trotz der vielen Besucher nach wie vor von einer Atmosphäre der Meditation und Besinnung geprägt. Und so lässt es sich beschaulich den 20-minütigen Rundweg spazieren, vorbei an den idyllischen Gärten und kleinen privaten Häfen mit anschließender Rast unter den alten Linden, die mitten auf der Insel stehen. Die Einkehr in einem der heimeligen Wirtshäuser mit ihren frischen Chiemseefischen ist obligatorisch. Nicht versäumen sollte der Gast auch den einfachen Genuss eines frisch geräucherten Renken, dargeboten auf einer knusprigen Semmel und verspeist unter dem Antlitz des glitzernden Sees – viel mehr braucht es nicht, um glücklich zu sein.

ls Kraftort gerühmt – Lindenplatz im Zentrum der Fraueninsel

Der Campanile – Wahrzeichen des Chiemgaus

Bootswerft Heistracher

Bootswerft Heistracher
Peter Heistracher

Frauenchiemsee 7
83256 Frauenchiemsee

Telefon 0 80 54 / 6 65
Telefax 0 80 54 / 73 92
www.heistracher.de

Jachten, die elegant über den See gleiten, gelten als Inbegriff für den wahr gewordenen Traum vom schönen Leben – für Peter Heistracher sind sie der Mittelpunkt seines Schaffens: Der Bootsbaumeister fertigt mit Leidenschaft und viel Erfahrung formschöne individuelle Boote, die für ihre hochwertige Ausführung weit über den Chiemgau hinaus bekannt sind.

Seit 1890 baut die Familie Heistracher in der kleinen Werft auf der Fraueninsel ihre Boote in traditioneller Handarbeit. Was einst mit praktischen Holzbooten begann, führte in den 1920er-Jahren mit dem Eintreffen erster Sommerfrischler zum Bau von rasanten Sport- und Freizeit-, später in den 1950ern zu ersten Elektrobooten und heute zur Herstellung von anspruchsvollen Booten und Jachten mit Elektroantrieb. Seit 1986 führt Peter Heistracher das Unternehmen und setzt nun auch das leichte Material Kohlefaser zum Bau von erfolgreichen Rennjachten sowie für schnelle und schnittige Elektromotorboote ein. Bekannt ist der Bootsbaumeister vor allem für seine durchdachte Deckgestaltung sowie exklusive Designs, die er gern im Stil der 1960er-Jahre hält und mit Mahagoni und Chrombeschlägen bestückt. Ganz gleich, für welches Boot sich der Kunde entscheidet, ob offenes Sportboot mit versenkbarem Verdeck, Kajüteboot, aus Glasfaserkunststoff oder im Kohlefaserleichtbau gefertigt, mit Bleibatterien oder leistungsstarken Lithiumakkus, allen Modellen gemein ist die optimale Wasserlage sowie eine komfortable Innenausstattung – was den Spaß am Wassersport sicherstellt und den Aufenthalt an Bord zum puren Vergnügen werden lässt.

Insel-Töpferei Klampfleuthner

Insel-Töpferei Klampfleuthner
Georg Klampfleuthner

Frauenchiemsee 4a
83256 Frauenchiemsee

Telefon 0 80 54 / 12 33
Telefax 0 80 54 / 12 81
www.inseltoepferei.de

Kachelöfen wärmen nicht nur Räume und Häuser, sondern verleihen ihnen auch ein außergewöhnliches Flair. Wer sich an wahren Schmuckstücken erfreuen will, dem sei ein Besuch der „Insel-Töpferei Klampfleuthner" auf der Fraueninsel geraten. Aus antiken Modeln lassen Georg Klampfleuthner und seine Töpfermeister einzigartige Kacheln entstehen, die in ihrer unvergleichlichen Anmut jeden Wohnraum bereichern.

Die beschauliche Insel-Töpferei existiert bereits seit dem 11. Jahrhundert. Das erste Mal urkundlich erwähnt wird sie 1609, als sie als Kloster-Töpferei den Hausrat sowie religiöse Darstellungen und Reliefs herstellte. Seit 1723 steht sie im Besitz der Familie Klampfleuthner. Aufgrund der langen Tradition kann Inhaber Georg Klampfleuthner auf zahlreiche original Model aus dem 17. und 18. Jahrhundert zurückgreifen, deren Renaissance-, Barock- und Biedermeiermotive sowie religiöse Muster er auch heute noch als Vorlage für außergewöhnliche Töpferwaren nutzt. Vor allem die bezaubernden Kacheln, die sich zu unbeschreiblich faszinierenden Kachelöfen aneinanderreihen, sind eine wahre Pracht – und eine Rarität dazu. Die Vielfalt im Repertoire der Insel-Töpferei ist enorm; rund 50 Model stehen zur Wahl – vom schlichten alpenländischen Modell über den entzückenden Inselofen, dessen Motive vom Fischerleben erzählen, bis hin zum Renaissance-Apostelofen, dessen Kacheln das Konterfei der zwölf Apostel sowie von Jesu zieren. Die Glanzstücke des Hauses sind sicherlich der barocke Rosettenofen, der in seiner Eleganz jede Wohnung krönt, sowie der ausdrucksstarke barocke Rocaille-Ofen, dessen Dekor mit „Muschelwerk" übersetzt wird und dem Rokoko einst seinen Namen gab. Wer die formschönen Öfen bestaunen will, braucht nicht weit zu gehen: Neben

den Musterexemplaren in der Werkstatt und dem nahen Atelier finden sich weitere in den Gaststuben der Insel; darüber hinaus unter anderem im Münchner Hofbräuhaus, im Romantikhotel Julen in Zermatt sowie in der Villa Hammerschmidt bei Bonn, in die Theodor Heuss einen „Klampfleuthner"-Ofen einbauen ließ. Georg Klampfleuthner und seine Schwester Andrea erschaffen zudem volkstümliche, dekorative wie auch zeitgemäße Keramiken – Krüge, Teller, Schalen, Vasen, Windlichter, Hausschilder und so weiter. Beliebt sind auch ihre individuellen Anfertigungen für Jubiläen und Hochzeiten. Vom ersten Entwurf bis zum letzten Brand entsteht alles in reiner Handarbeit auf der Fraueninsel. Für die Bemalung ist Schwester Andrea zuständig, die mit viel Liebe und Akribie, mit Ruhe und feinem Pinselstrich den Keramiken erst ihr eigentliches Leben einhaucht. Hergestellt werden sie in Halb-Fayence: Anders als bei Majolika- oder Fayence-Arbeiten wird hier beiger flüssiger Ton, die Engobe, auf den getrockneten roten Scherben so aufgetragen, dass der Untergrund leicht durchschimmert. Kleine Unregelmäßigkeiten und farbliche Schattierungen sind dabei durchaus gewünscht; gerade sie sorgen für das charakteristische, lebhafte Gesamtbild, das beste Handarbeit auszeichnet. Und so gleicht in der „Insel-Töpferei Klampfleuthner" kein Stück dem anderen, ist jedes Teil anders und stets etwas Besonderes – eben ein Unikat.

Seeidylle bei Seebruck

Bettina Kurzeder

Werkstätte für textiles Wohnen
Bettina Kurzeder

Ludwig-Thoma-Straße 10
83358 Seebruck

Telefon 0 86 67 / 80 97 07
Telefax 0 86 67 / 80 94 04
www.raumausstattung-kurzeder.de

Wer Traditionen liebt und dennoch das Besondere sucht, ist bei Bettina Kurzeder in guten Händen. Mit ihren Stoffkreationen verwandelt die Raumausstattermeisterin nicht nur antikes Mobiliar in modernes Interieur, sondern erweckt auch Räume zu neuem Leben.

In ihrem stimmungsvollen Geschäft hält sie ein erlesenes Angebot an unterschiedlichsten Stoffen parat – vom Handdruck über edlen Damast bis hin zu hochmodernen Stoffen. In bester Handarbeit entstehen so individuelle, nach Kundenwunsch gefertigte Vorhänge und Bezüge für Sofa, Sessel und Kissen. Dazu polstert sie meisterhaft in traditioneller oder moderner Technik die guten alten Stücke wieder auf. Um dem neuen Ambiente nun auch dekorativ den letzten Schliff zu verleihen, wartet Bettina Kurzeder mit charmanten Einzelstücken auf – verschiedene Accessoires sowie Kleinmöbel im Landhausstil bis hin zum „Modern-Ethno-Style". Den antiken Ohrensessel bezieht sie in der eigenen Werkstatt – extravagant – mit klassischem Seidendamast in einem kräftigen Rosé-Ton; die von funkelnden Swarovski-Steinen übersäten Kissen versprühen zusätzlich Glanz. Dazu kombiniert sie einen Vorhangstoff, dessen rustikales Leinen mit feinem Seidendamast besetzt sowie mit modernen Ösen und einer Schleife als Taillierung ausgestattet ist. Bettina Kurzeder vereint mit viel Geschmack und einem feinen Gespür für Form und Farbe scheinbar Gegensätzliches und schafft so einen bezaubernd eigenwilligen Stil.

Herzklinik Seebruck

Herzklinik Seebruck
Markus Kahler

Römerstraße 17
83358 Seebruck

Telefon 0 86 67 / 8 86-0
Telefax 0 86 67 / 2 02
www.herzklinik-seebruck.de

Wer nach kardiologischen Eingriffen genesen oder präventiv vorsorgen will, dem sei die „Herzklinik Seebruck“ empfohlen. Idyllisch am Chiemsee gelegen, präsentiert sich die stilvolle Villa nicht nur mit einem faszinierenden Panoramablick, sondern vor allem mit einer überaus freundlichen und persönlichen Betreuung, die sich fernab von jeglichem Klinikalltag bewegt.

Gegründet wurde die Klinik 1968 als Herz-Kreislauf-Sanatorium. Der damalige Eigentümer und Chefarzt staffierte sein Haus mit zahlreichen toskanischen Antiquitäten wie Kristalllüstern, antikem Mobiliar und Spiegeln aus, die nach wie vor das Ambiente des Hauses prägen. Seit 2005 steht die Klinik im Besitz der Beteiligungsgesellschaft Cura Provita, die im Bundesgebiet, überwiegend in Bayern, mehrere soziale Einrichtungen betreibt. Zwei der vier Gesellschafter – Georg-Philipp Melloni und Markus Kahler – fungieren in der „Herzklinik Seebruck“ als Geschäftsführer. Ihr Führungsstil ist geprägt von Ehrlichkeit, Fairness und Respekt – den Patienten begegnet so ein Klinikteam, das sich durch seine professionelle medizinisch-therapeutische Betreuung ebenso auszeichnet wie durch seine ungemein herzliche und familiäre Umgangsweise. Auf individuelle Wünsche geht die Klinik dabei weitestgehend ein, was schon aufgrund der überschaubaren Größe von 75 Betten – vorwiegend Einzelzimmer mit Balkon oder Gartenzugang – möglich wird. Der faszinierende Ausblick, der sich vom weitläufigen Park, von der großen Sonnenterrasse, vom gemütlichen Kaminzimmer sowie vom eleganten Wintergarten aus bietet, sorgt für eine Atmosphäre, die eher an ein charmantes Hotel als an eine moderne Klinik erinnert. Auch die mediterranen Speisen, die die eigene Küche frisch und salzarm zubereitet, haben wenig mit üblicher Klinik-

kost zu tun; Gemüse und Kräuter werden zudem im eigenen Gewächshaus nach biologischen Richtlinien angebaut. In der Lehrküche können sich Patienten darüber informieren, wie sich eine genussvolle, gesunde Ernährung auch zu Hause umsetzen lässt. Das beheizbare Schwimmbad, die kleine Blockhaus-Sauna mit Seezugang sowie hauseigene Boote untermauern den Wohlfühl-Charakter des Hauses und lassen den eigentlichen Anlass des Aufenthalts nahezu in Vergessenheit geraten. Spezialisiert ist die „Herzklinik Seebruck" auf die Anschlussbehandlung und Rehabilitation von kardiologischen und Stoffwechselerkrankungen. Zudem bietet sie präventiv ausgerichtete Gesundheitstage an, die sich zur Gewichtsregulierung, zur individuellen Stressbewältigung sowie bei allgemeinen Herz-Kreislauf-Problemen eignen. Das medizinische Spektrum umfasst die gesamte moderne kardiologisch-internistische Diagnostik und Therapie. Eine psychologische Betreuung, kreatives Arbeiten wie Malen und Töpfern unter Anleitung hiesiger Künstler sowie Vorträge zur gesunden Lebensweise runden das umfassende Klinikangebot ab.

Nach rund drei Wochen lassen sich so erstaunliche Fortschritte erzielen. Für Markus Kahler und sein Team ist es stets faszinierend zu sehen, wie Patienten nach lebensbedrohlichen Erkrankungen in relativ kurzer Zeit wieder aufblühen, wie sie mit Freude am Leben wieder teilnehmen und schließlich – gestärkt und erholt – die Klinik mit neuer Zuversicht verlassen.

Camba Bavaria

Camba Bavaria
1. Truchtlachinger Privatbrauerei
Markus Lohner

Mühlweg 2
83376 Truchtlaching

Telefon 0 86 67 / 80 94-66
Telefax 0 86 67 / 80 94-67
www.cambabavaria.de

Bayern gilt seit jeher als Eldorado der Braukunst. Um die hiesige Bierkultur zu bereichern – und auch, um seiner Leidenschaft zu frönen –, schuf Markus Lohner 2008 in der aus dem Jahr 1875 stammenden Mühle des Klosters Baumburg eine kleine exklusive Schaubrauerei, die neben typischen auch internationale Bierspezialitäten braut.

Mit seinem „Camba Bavaria" erfüllte sich der Braumeister und -anlagenbauer einen lang gehegten Traum. Er schuf eine hochwertige wie formschöne Referenzbrauerei auf neuestem technischem Stand und integrierte sie offen einsehbar in einen urigen Brauerei-Stadel. Unter altem Sichtgebälk und mit schönem Blick auf die vorbeifließende Alz kann sich der Gast hier gemütlich dem Probieren und Studieren des beliebten Getränks hingeben. Jahrelang bereiste Markus Lohner die Welt – von Usbekistan über Japan bis in die USA –, um dort Brauereianlagen in Betrieb zu nehmen. So lernte er viele Braumeister kennen und deren Rezepturen schätzen. 2004 eröffnete er sein eigenes Unternehmen, die Braukon, zu der sich nun internationale Braumeister einfinden, um sich über neue Technologien zu informieren – und natürlich, um gemeinsam zu brauen. So entstand mit dem texanischen Braumeister Brock Wagner das „Christmas Ale", das fein nach reifen Kirschen duftet und einen würzigen Ausklang mit leichter Apfel-Zimt-Note hinterlässt – eigens eingeführte, spezielle Malzsorten und die betriebseigene Hefe brachten dies zustande. Das spritzige „Oerbaek Pils" entstand mit dem Iren Matthew Callahan, der als Braumeister in Dänemark arbeitet. Das elegante Hopfenaroma des Biers erinnert an Hollerblüten und eignet sich so bestens auch zum Aperitif. Daneben stehen an die 80 internationale Flaschenbiere parat – auch Ungewöhnliches wie das belgische Trapisten-Bier oder afrikanische Biere mit Bananen- und Mango-Geschmack.

Vor allem aber lohnen die bis zu dreimal pro Woche gebrauten, naturtrüben Biere von Markus Lohner und seinem Team den Besuch. Sie sind täglich bis 18 Uhr sowie an gebuchten Feiern im authentischen Gastraum zu verkosten. Das bronzene „Hell" besticht mit seiner feinperligen Finesse; das kastanienfarbene „Märzen" überzeugt mit sanftem malzigem Geschmack; das bernsteinerne, leicht süßlich mundende „Dunkel" brilliert mit dezenten Röstaromen. Ebenso begeistern das helle „Jager

Weißbier“, das mit harmonischen Bananen- und Orangen-Aromen punktet, sowie das exzellente dunkle „Wilderer Weißbier“, dessen vollmundig, mild-würziger Geschmack schlichtweg nach mehr verlangt. Allen Bieren gemein ist das ausgesprochen feine Bukett sowie die Frische und Reinheit, die auf beste Braukunst und höchste Qualität schließen lässt. Dass sich dies längst unter den hiesigen Braumeistern herumgesprochen hat, verwundert nicht. Und so trifft man in der „Camba Bavaria“ oft den einen oder anderen Bierkenner an, der zum Fachsimpeln oder zum gemeinsamen Brauen kommt – sei es, um ein uraltes Rezept in kleinen Mengen oder etwas ganz Neues auszuprobieren.

Für Markus Lohner ist Bier nicht nur ein natürliches Getränk, das über eine enorme Geschmacksvielfalt verfügt, sondern darüber hinaus ein probates Mittel, um Menschen zusammenzubringen – sei es, um gemeinsam den Tag zu reflektieren, anstehende Probleme zu diskutieren oder schlichtweg gemeinsam den Abend zu genießen.

Chiemsee-Sports André Weidner

Chiemsee-Sports
André Weidner

Bei den Bädern 3
83339 Chieming

Telefon 0 80 51 / 9 61 65 16
Mobil 01 79 / 4 71 78 41
www.chiemsee-sports.de

Der Chiemgau bietet nahezu unbegrenzte Möglichkeiten, sich sportlich zu betätigen. Wer dabei professionell begleitet werden möchte, findet in André Weidner und seinem „Chiemsee-Sports"-Team den idealen Partner, um mit viel Spaß an der Bewegung das Abenteuer Natur zu erleben.

Wenn bei schönem Wetter und leichter Brise die weißen Segel über den See gleiten, träumt manch einer davon, selbst an Bord zu sein. Die sanften Winde am Chiemsee bieten ideale Bedingungen für Nachwuchssegler – André Weidner zeigt im Strandbad Chieming mit seinem Mitarbeiter Frank Bidot wie es geht. Seit 2000 hält er hier Kurse für Anfänger, angehende Fortgeschrittene sowie für Kinder ab sieben Jahren ab. Für letztere hat er ein spezielles Boot im Einsatz, das hinten offen ist, sodass eintretendes Wasser schnell wieder abläuft, ganz ohne umständliches Abschöpfen. Für all jene, die es etwas sportlicher lieben, empfiehlt André Weidner seine Katamarane. In vier- bis fünftägigen Grundkursen vermittelt er die wichtigsten Regeln, damit seine Schüler anschließend mit den pfeilschnellen Katamaranen übers Wasser dem Horizont entgegenrauschen können. Dem nassen Element ein Stück näher ist man beim Windsurfen. Außer der Fähigkeit, das Gleichwicht zu halten, sowie etwas Kraft sind keine Voraussetzungen nötig – Erfolge stellen sich zudem recht schnell ein. Wer mehr von der Region kennenlernen will, kann mit André Weidner und seinem „Chiemsee-Sports"-Team im Kanu oder Kajak, getragen von der eigenen Muskelkraft, von Prien aus zur Herren- und Fraueninsel paddeln. Die Tour lässt sich beliebig verlängern. Ab Seebruck geht es weiter auf der Alz flussabwärts, hinaus vom Chiemsee über Truchtlaching, wo es die Bootsrutsche zu bewältigen gilt, bis nach Altenmarkt. Mit wenigen Mitteln wird so der Ausflug zum gelungenen Event.

Im Winter locken die umliegenden Berge Unternehmungslustige in ihre bezaubernden Schneelandschaften. Wer gerne wandert, sollte es nicht versäumen, einmal mit Schneeschuhen die Region in alter „Trapper-Manier" zu durchforsten. André Weidners Halb- und Ganztagestouren führen auf

traumhaft einsamen Pfaden durch die Stille der unberührten Natur zu atemberaubenden Aussichtshängen oder zünftigen Almhütten, je nach Wetter- und Lawinenlage. Wie auf Watte läuft es sich im Pulverschnee, dank der großen Schneeschuhflächen sinkt man aber nur wenig ein. Dennoch ist das Wandern im Tiefschnee deutlich anstrengender als im Sommer. Geübten Skifahrern vermittelt André Weidner zudem die anspruchsvolle Skitechnik Telemark. Sie stammt aus Norwegen und gilt als ursprünglichste Form des Skisports. Der Sportler bewegt sich hier mit freier Ferse und beugt beim Schritt das hintere Knie beinahe bis zum Boden. Mit dieser Technik kann auf ebener Fläche, im Tiefschnee sowie die Piste hinunter gefahren werden. Schon nach kurzer Zeit ist ein durchschnittlicher Skifahrer für solche Ausflüge gewappnet – André Weidner weist in ein oder zwei Tagen auf gesicherten Pisten in diese spezielle Technik ein.
Ganz gleich, für welchen Sport man sich entscheidet – unter blauem Himmel, auf dem funkelnden See oder im glitzernden Schnee – die Glücksgefühle sind einem sicher.

Thea Wagenhammer

Thea Wagenhammer
Schönes für Haus und Garten

Laimgruber Straße 2
83339 Chieming

Telefon 0 86 64 / 92 85 60
Telefax 0 86 64 / 92 97 57
www.thea-wagenhammer.de

Dass auch Alltägliches dekorativ sein kann, beweist der Blick in Thea Wagenhammers charmantes Geschäft. Hier präsentiert die Chiemgauerin seit 2006 nützliche wie formschöne Accessoires, die jeden Wohnraum verschönern.

Ihr individueller Stil ist dabei ein gelungener Mix aus französisch, italienisch, dänisch sowie neuenglisch geprägten Mustern und Designs. In schönster Fasson arrangiert sie so alles, was man zum täglichen – stilvollen – Leben braucht: von geschmackvollen Gläsern und attraktivem Geschirr über feine Tischwäsche und passende Kissen bis hin zu erlesener Feinkost wie Öle, Weine, Pasta und Dips. Bekannt ist sie für ihre täuschend echt wirkenden Seidenblumen, die aus all ihren eleganten Dekorationen leuchten. In gelungener Weise auf geschmackvollem Mobiliar drapiert, vereinen sie sich mit farblich stimmigen Kerzen, edlen Raumdüften sowie ausgesuchten Pflegeprodukten zu einem harmonischen, gekonnt in Szene gesetzten „Stillleben". Die Intention der technischen Zeichnerin, die sich im Fernstudium Kenntnisse der Innenarchitektur und Raumgestaltung aneignete, ist es, dass sich der Gast wohlfühlt, er seinen Blick auf ihre Arrangements legt, als betrachte er ein wundervolles Buch. Mit ihrer erlesenen Auswahl will sie nicht nur ein schönes Ambiente schaffen, sondern die alltäglichen Dinge im Leben von ihrer attraktivsten Seite präsentieren – und dem Gast so – beinahe nebenbei – ihre ganz persönliche Art zu leben offerieren.

Franz Schroll – Schreiner und mehr

Franz Schroll – Schreiner und mehr

Fehling 18
83339 Chieming

Telefon 0 86 64 / 7 51
Telefax 0 86 64 / 81 78
www.franz-schroll.de

Franz Schroll ist Schreinermeister aus Passion. Bekannt ist er vor allem für seine individuellen Maßanfertigungen im gehobenen Innenausbau sowie im Sauna- und Wellness-Bereich. Seine neueste Innovation sind elegante Holzliegen, die Raum und Zeit vergessen lassen.

In seiner Werkstatt in Chieming arbeiten neben ihm weitere 15 Mitarbeiter. Als kreativer Kopf entwirft Franz Schroll trendige wie klassische Saunakonzepte, die neben vielfältigen Saunakabinen auch den Empfangsbereich, die Ruheräume sowie alle gestalterischen Elemente mit einbeziehen, die zu einem gemütlichen Spa- und Wellness-Vergnügen gehören. Dabei überrascht der Schreinermeister seine Kunden immer wieder mit ungewohnten Lösungen wie der stilvollen Massageliege für den Beauty-Bereich, die mit allen Details für eine ayurvedische Ölbehandlung ausgestattet ist. Ein wahrer Luxus zum Träumen und Genießen sind seine patentrechtlich geschützten, formschönen wie ergonomisch stimmigen Wellness-Liegen, die an Komfort und Bequemlichkeit nicht zu übertreffen sind: Aus Massivholz gearbeitet, gibt es die „Traumzeit" klassisch zum Kippen oder „hängend" zum Schaukeln – auf Wunsch auch für ein Relaxen zu zweit. Ganz gleich, ob Sie darin nun minutenlang pendeln oder schwebend die Ruhe genießen – die magischen Glücksmomente sind Ihnen sicher.

Golfclub Chieming

Golfclub Chieming e. V.
Clubpräsident Georg Brüderl
Clubmanager Oliver Haller

Kötzing 1
83339 Chieming

Telefon 0 86 69 / 87 33-0
Telefax 0 86 69 / 87 33-33
www.golfchieming.de

Mit Effet schwingt der Schläger, ein satter Ton – und schon fliegt der Ball in hohem weitem Bogen. Der Schwung des Golfspielers beim Abschlag fasziniert in seiner Eleganz. Wer sich daran probieren möchte, findet im „Golfclub Chieming" einen überaus gepflegten Platz, der sich idyllisch in das Chiemgauer Landschaftsbild einfügt und zudem mit einem fantastischen Alpenpanoramablick aufwartet.

Der malerische Golfclub besitzt neben seinem herrlichen 18-Loch-Meisterschaftsplatz auch einen ebenso anspruchsvollen 9-Loch-Akademieplatz, der gegen Tagesgebühr bespielbar ist. Die Chieminger Anlage besticht nicht nur in ihrer außergewöhnlich attraktiven Landschaftsarchitektur, sondern befindet sich dazu in einem Topzustand: 2005 wurden alle Greens des Meisterschaftsplatzes komplett erneuert. Diese

„Herzstücke" rund um das Loch müssen sorgsamst gepflegt sein, damit der Ball beim letzten Schlag akkurat ins Loch rollen kann. Greenkeeper Andrew Foyle und sein siebenköpfiges Team sorgen dafür, dass die gärtnerische Pracht erhalten bleibt. Und dazu kann er auf beste Referenzen verweisen: Der Ire war bereits beim legendären schottischen „The Royal and Ancient Golf Club of St. Andrews" tätig – der Autorität im Golfsport schlechthin, die seit Jahrzehnten alle einzuhaltenden Regeln und Etiketten vorgibt. In Chieming wurden darüber hinaus unzählige Hecken und Sträucher sowie fünf Biotope zur Erhaltung der Artenvielfalt angelegt. Hier tummeln sich seltene Tiere wie Bergmolche und Feuersalamander; in zwei der fünf Seen gedeihen rund 4 000 Edelkrebse prächtig. Dieses umweltgerechte Engagement prämierte der Deutsche Golf-Verband 2008 mit Silber und 2009 mit Gold; deutschlandweit besitzen zurzeit nur neun weitere Clubs diese Ehrung. Interessierte finden hierzu im sympathischen wie umgänglichen Clubmanager Oliver Haller einen kompetenten Ansprechpartner.

Von der zauberhaften Sonnenterrasse des Clubrestaurants, das auch Nichtmitgliedern offensteht, kann der Gast bei hausgemachten bayerisch-italienischen Köstlichkeiten seinen Blick über dieses faszinierende Landschaftsbild schweifen lassen. Untermalt vom Gezwitscher der zahllosen Vögel, die sich im alten Baumbestand sowie in der 400 Jahre alten Linde – dem Wahrzeichen des Hauses – aufhalten, kann man wunderbar das Spiel Revue passieren lassen und erste Analysen zur Entwicklung des Handicaps ziehen. Golf gilt weltweit als die schwerste Ballsport-

art, bei der nicht nur die Schlagtechnik beherrscht werden, sondern auch die Haltung, die Koordination sowie die Konzentration stimmen muss – und letztlich auch Geduld vonnöten ist. Denn um den Ball beständig metergenau über große Distanzen und Hindernisse wie Sandbunker und Wasser zu schlagen und ihn dann millimetergenau ins Loch zu treffen, muss immer wieder auf der Driving Range geübt werden. Auch Fortgeschrittenen misslingt hie und da ein Schlag, was aber gerade die besondere Herausforderung dieser anspruchsvollen, aber überaus erfüllenden Sportart darstellt.

Und so bewegt sich der Golfer stundenlang inmitten schönster Landschaften in einer Oase der Stille, verlässt er den Platz glücklich und entspannt sowie mental gestärkt – und damit bestens gewappnet für all die anderen großen Herausforderungen des Lebens.

Ostufer des Chiemsees mit Blick auf den Hochgern

Groß und Klein

Groß und Klein
Kriemhild Horn

Wolferstraße 23
83236 Übersee am Chiemsee

Telefon 0 86 42 / 59 76 07
Telefax 0 86 42 / 59 76 07
www.gross-u-klein.de

Dem Liebhaber antiker Möbel und Accessoires bietet sich in Kriemhild Horns entzückendem Geschäft seit 2002 eine stilvoll dargebotene Auswahl an Schönem wie Nützlichem – präsentiert in einem zauberhaften Ambiente, wie es stimmiger nicht sein könnte.

Gleich beim Betreten des Gartens, der geschützt hinter einer hohen Tuja-Hecke liegt, stößt der Gast auf Tisch und Stuhl, die wie eigens für ihn zurechtgerückt erscheinen und zum Verweilen einladen. Der Blick fällt auf anmutige Garten-Accessoires, die hie und da wie zufällig platziert im leicht verwunschenen Garten der aus dem Jahr 1870 stammenden Villa stehen. Kriemhild Horn präsentiert ihr antikes Angebot von Donnerstag bis Samstag im einstigen Waschhaus der Villa in ungemein stimmungsvoll wie authentischer Weise. Beim Schlendern durch die Räume meint man, in längst vergangene Welten einzutauchen. Ihre vor allem alpenländischen, schwedischen und französischen Möbel, die sie von europäischen Trödel- und Antikmärkten zusammenträgt, kombiniert sie gekonnt mit passenden Accessoires für Haus und Garten. Was den Eindruck entstehen lässt, als besuche man gastfreundliche Menschen, die uns in ihrem schlichten, aber wohlgeordneten Zuhause willkommen heißen: Hübsches Porzellan und altes Silberbesteck schmücken das von Patina überzogene Küchenbüfett; alte Apothekengläser zieren neben Lifestyle-Büchern und geschmackvollen Bildern die Anrichte. Gerne wandelt sie die Funktion ihres Mobiliars um, lässt aus dem alten Blecheimer den neuen Übertopf, aus der in die Jahre gekommenen Dachleiter den rustikalen Handtuchhalter oder aus der braven Blumenbank die trendige Hausbar werden.

Kriemhilde Horn liebt die schlichten und einfachen Dinge des Alltags, die ihren Reiz erst auf den zweiten Blick entfalten. Mit wenigen Handgriffen gelingt es ihr, sie derart stilvoll anzuordnen, dass sie zunehmend in den Blickpunkt des Betrachters

geraten und zum Hauptakteur eines ungemein heimeligen Interieurs werden. Die einstige Geschäftsführerin eines namhaften Münchner Schuhhauses erhebt mit ihren gelungenen Arrangements nützliches Mobiliar zu kunstvollen Stillleben und lässt so den Charme vergangener Zeiten wieder aufleben. Für Kriemhild Horn wohnt diesen antiken, vom Leben gezeichneten Alltagsgegenständen eine faszinierende Aura inne, die sich dem Betrachter erst nach einiger Zeit der Muße offenbart. Selbst das einfachste Möbelstück besitzt noch ein liebenswertes Detail – sei es das filigran geschnitzte Stuhlbein, die kleine Verzierung am Schrank oder ein besonderer Griff an der Schublade. Es zeugt von der soliden Handwerkskunst, der Arbeit und Mühe sowie dem Herzblut der einstigen Besitzer, die sich damit etwas Schönes ins Haus holten und so dem Alltag etwas Glanz abtrotzten – und sei er auch noch so gering.

Kriemhild Horns Inszenierungen erzählen von dieser Ästhetik wie auch von der Möglichkeit, mit einfachen Mitteln jedem Wohnraum Gemütlichkeit und Atmosphäre zu verleihen – und ihn so in bescheidener Weise zu etwas Besonderem zu machen.

Yogazentrum Chiemsee

Yogazentrum Chiemsee
Erika Maria van Gorkom
Ärztlich geprüfte Yogalehrerin & Lu-Jong-Lehrerin

Mietenkamer Straße 162
83224 Grassau

Telefon 0 86 41 / 69 50 50
www.yoga-aktiv.de

Erika van Gorkom praktiziert seit 25 Jahren Yoga sowie Übungen, die zu Energie, Entspannung und Beweglichkeit von Körper wie Geist führen – immer mehr spezialisiert sie sich dabei auf die Lehren des tibetischen Buddhismus.

Dessen ganzheitlicher Ansatz besagt, dass alles Leid im Geist entsteht und Krankheiten oder Blockaden über Körperarbeit und Meditation gelöst werden können. Zum Yoga kam die ehemalige Buchhändlerin in einer persönlich schwierigen Zeit. Um ihre Erfahrungen weitervermitteln zu können, absolvierte sie 1995 die Ausbildung zur ärztlich geprüften Yogalehrerin; seit 2004 bildet sie sich zudem bei Tulku Lama Lobsang, einem Arzt der tibetischen Medizin, weiter. Seit vielen Jahren hält sie nun Kurse in Hatha-, Hormon- und Power-Yoga ab sowie in Lu Jong, der Bewegungslehre der tibetischen Medizin. Diese heilsamen Übungen stammen von Mönchen, die sich so fernab der Zivilisation gesund und fit hielten; sie stimulieren die Sinnesorgane und helfen bei Beschwerden der inneren Organe, des Bewegungsapparates sowie bei vielen Befindlichkeitsstörungen. Mit Tsa Lung, dem tibetischen Handheilen, bringt Erika van Gorkom lebenswichtige Energien in den Meridianen und Kanälen wieder zum Fließen, was den Menschen zu allumfassender Gesundheit führt. Die tibetische Schwertkunst Tog Chöd hilft – quasi im Kampf gegen sich selbst – negative Emotionen und Gedanken „abzuschneiden“. Erika van Gorkoms Intention ist es dabei, möglichst vielen Menschen näherzubringen, dass die Arbeit mit sich zu unglaublichen Ergebnissen führen kann – beim Schüler wie auch beim Lehrer.

Chiemgauhof

Chiemgauhof
Christof und Sabine Imdahl

Julius-Exter-Promenade 21
83236 Übersee am Chiemsee

Telefon 0 86 42 / 89 87-0
Telefax 0 86 42 / 89 87-99
www.chiemgauhof.com

Der „Chiemgauhof" gilt vielen als der schönste Platz am Chiemsee. Dabei lässt sich seine Faszination nur schwer an einzelnen Punkten festmachen, sondern ist ein Konglomerat aus vielen zauberhaften Details, die gemeinsam zu einem charismatischen Gesamtkunstwerk verschmelzen.

Das Haus präsentiert sich seit jeher als richtungsweisender Vorreiter einer regionalen Gastronomie, die Trends nicht folgt, sondern kreiert. So vereinte der „Chiemgauhof" schon früh traditionelle mit modernen Elementen und versteht sich nicht als Gasthaus im eigentlichen Sinne, sondern eher als eine Stätte, an der sich Freunde, Bekannte und Gleichgesinnte treffen, um gemeinsam etwas Zeit zu verbringen. Seit rund 40 Jahren sind immer wieder auch Künstler, Maler und Dichter zu Gast, die stets etwas von ihrem Spirit im „Chiemgauhof" lassen. Der Kult um das Haus resultiert auch aus der besonders beschaulichen einzigartigen Lage. So befindet sich der Biergarten direkt am sanft auslaufenden Ufer des Chiemsees und bietet eine fantastische Sicht auf die Inseln, zur Kampenwand sowie zum Wilden Kaiser; man sitzt auf einfachem Gartenmobiliar unter dem Schatten uralter Eichen, deren Wurzeln sich ihren Weg aus dem Erdreich ins Freie suchen. Während sich die Sonne im Wasser spiegelt, fällt der Blick in die grenzenlose Weite des Sees – was Offenheit und Kreativität ermöglicht –, vermitteln die umrahmenden Berge Geborgenheit und Schutz. Der Gast findet im „Chiemgauhof" in erster Linie eine ungekünstelte Ursprünglichkeit und damit eine natürliche Heimstatt, an der er ankommen und sein kann – ganz so, wie er ist. Magische Momente stellen sich zudem bei den sensationellen Sonnenuntergängen ein, die von hier wie von einem Logenplatz aus zu bewundern sind. Eine Tafel weist den Gast rechtzeitig auf die entsprechende Uhrzeit hin. Seit 2003 bietet die trendige Strandbar, die Sundowner Bar, einen weiteren stimmungsvollen Platz, um dieses Spektakel zu bestaunen. Für den Gast stehen hier gemütliche Deckchairs bereit, auf denen er – genüsslich bei einem Cocktail – der untergehenden Sonne folgen wie auch seine Gedanken ziehen lassen kann. Die frisch zubereiteten Speisen der „Chiemgauhof"-Küche sind bayerisch mediterran. Zu den beliebten

Klassikern zählen die Tagliata, bei der die Rinderlende der hauseigenen Galloway-Zucht medium rare gebraten und aufgeschnitten auf Rucola serviert wird, sowie der im Rohr gebackene, leicht aufgehende Pfannkuchen „Chiemgauhof", der mit Sauerkirschen oder Blaubeeren sowie mit Vanilleeis verfeinert ist.

Der „Chiemgauhof" wuchs im Laufe der Jahre – jeder Inhaber bereicherte das Anwesen mit Um- und Anbauten um eine weitere interessante Nuance. Viele der außergewöhnlichen Möbel stammen dabei aus dem persönlichen Fundus von Christof und Sabine Imdahl, die auf ihren Reisen stets auch Antiquitäten mit nach Übersee brachten. Die exklusiven wie individuellen Gästezimmer und Suiten stattete das Ehepaar Imdahl teils puristisch, teils ländlich oder künstlerisch aus – das Interieur kommt dabei einer gelungenen Inszenierung gleich. Das Sundowner Studio verfügt über eine eindrucksvolle, mit Kies bedeckte Dachterrasse, auf der eine Outdoor-Shower für Abkühlung sorgt. Mit ihrem neu gebauten Eventbereich trugen die

beiden nun ihren Teil zum Gesamterscheinungsbild bei – und schufen zudem ein Interieur, das spektakulär kulturübergreifend ist. Der schlicht und reduziert gehaltene Eventraum versprüht den Charme einer urbanen Fabrikhalle; was die 300 Jahre alten, von faszinierenden Strukturen gezeichneten Eichenholzdielen eines belgischen Kohlebergwerks in authentischer Weise unterstützen. Getafelt wird an einem langen Tisch, gesessen auf schlichten Stühlen, die denen im Biergarten gleichen und bei Feiern mit weißen Hussen gekleidet werden. Die Wände zieren antike Fenstergitter aus Frankreich, die in ihrer effekt- wie stimmungsvollen Ausstrahlung begeistern. Zwei Theken sowie einige Sitzecken dienen als Stätten der Kommunikation, die jeder Feier etwas Leichtigkeit und Unkompliziertheit verleihen. Die Lounge besticht in ihrem überaus gelungenen Stilmix: Hier gesellen sich zum mexikanischen hölzernen Tresen englische, mit Fell bezogene Clubsessel sowie nordamerikanische Geweihstühle, die Christof und Sabine Imdahl mit einem französischem Gobelin, einem alten englischen Stahltresor sowie Lampen aus Schwemmholz kombinieren. Als zweite Bar dient eine original balinesische hölzerne Hausfront, die in ihrer filigranen Arbeit entzückt. Dazwischen arrangieren die beiden Stühle aus altem indonesischem Schiffsholz oder Gemälde hawaiianischer Künstler und leuchten alles gekonnt mit indirektem Licht aus, das aus rostigen Eisenrohren strahlt. Die Toiletten werden mit antiken mexikanischen Gefängnistüren verschlossen, die noch über ein Guckloch sowie eine Essensdurchreiche verfügen. Die massive beeindruckende Eingangstür stammt aus einem bayerischen Bauernhaus; den Weg dahin säumen Hunderte von Rosen, die immer wieder von metallenen Skulpturen unterbrochen sind, die als Lampen für die stimmige Beleuchtung sorgen. Christof und Sabine Imdahl gestalteten mit ihrem außergewöhnlichen Mut, Kunst und Mobiliar unterschiedlichster Kulturen zu integrieren, ein Szenario, das seinesgleichen sucht und ein Charisma verströmt, das den Betrachter unwiderruflich in seinen Bann zieht. Und so besitzt der „Chiemgauhof" eine weitere

Facette, die ihn zu dem macht, was er ist – ein außergewöhnlicher Platz, dessen Charme vielleicht auch darin begründet liegt, dass alles eine Geschichte hat – das gewachsene Haus, das internationale Inventar, die illustren oder heimischen Gäste und natürlich die kreativen Inhaber des Hauses – Christof und Sabine Imdahl. Alles zusammen bildet ein zauberhaftes Mosaik aus vielen glitzernden Steinchen, die so mannigfaltig funkeln wie das Leben – und der „Chiemgauhof".

Parker Outdoor – Hochseilgarten

Parker Outdoor
Oliver Parker

Julius-Exter-Promenade 23
83236 Übersee am Chiemsee

Telefon 0 86 42 / 54 90 21
Mobil 01 76 / 20 59 96 50
www.parkeroutdoor.com

Wer sich gern in der freien Natur bewegt und dabei die Herausforderung sucht, ist bei „Parker Outdoor" richtig. Neben dem Klettern in luftiger Höhe bietet Oliver Parker einfallsreiche sowie detailliert geplante Events, die jede Menge Spaß und Abenteuer garantieren.

Sein Faible für die Natur entdeckte Oliver Parker früh; ebenso schnell war ihm klar, dass sie Teil seines Berufsleben werden sollte. Als Reiseverkehrskaufmann und ausgebildeter, jahrelang erfahrener Canyoning- und Rafting-Guide sowie Hochseilgarten-Trainer machte er sich 2007 mit „Parker Outdoor" selbstständig; mittlerweile gehören 25 bestens geschulte Guides zum Team, die Sportevents aller Couleur betreuen: vom Wildwasserfahren im Schlauchboot, Kajak oder Canadier über Rafting und Canyoning bis hin zum Mountaincartfahren, Gleitschirmfliegen, Bogenschießen und Floßbau. Im Juni 2007 eröffnete Oliver Parker zudem seinen anspruchsvollen Hochseilgarten, der wunderschön inmitten von Bäumen direkt am Natursandstrand von Übersee liegt. Ausgestattet ist er mit einem bayernweit einzigartigen Sicherungssystem, das höchsten Schutz gewährleistet, indem die Personen während des Kletterns durchgängig gesichert sind. Der Parcours bietet drei Strecken: Der leichteste ist für Kinder ab drei Jahren geeignet, der mittelschwere mit rund acht Metern Höhe ab acht. Der anspruchsvollste, dessen höchster Punkt auf elf Metern liegt, erfordert viel Geschicklichkeit, Kraft sowie Koordination – und letztlich Mut. Denn die erste Hürde, die es zu überwinden gilt, ist die eigene Angst. Das erfahrene „Parker-Outdoor"-Team ist deshalb stets vor Ort, auch, um bei Bedarf Personen aus dem Parcours zu „retten". Daneben plant und organisiert „Parker Outdoor" individuelle ideenreiche Events, die – als Betriebsausflug oder Teambildungsmaßnahme – neben sportlichen Aktivitäten auch gesellige Elemente wie Cocktailmixen oder Grillabende enthalten können, je nachdem, welche Ziele an die Veranstaltung gestellt werden. So begann eine Tour mit einem Rafting-Rennen in der Tiroler Ache; weiter ging es mit den Moutainbikes zum Hochseilgarten, wo schließlich der anspruchsvolle Parcours zu klettern war. Oder es paddeln die

Teilnehmer frühmorgens von der Fraueninsel nach Übersee, um am Strand zu frühstücken und dann den Hochseilgarten zu bewältigen; abends wandert die Gruppe dann auf eine Alm, wo gegrillt und im Einzelzelt übernachtet wird. Bei allen Events gilt stets „Challenge by Choice“ – es herrscht keinerlei Zwang, wenn auch Oliver Parker und sein Team zur Aktion motivieren, denn meist liegt die Leistungsgrenze höher als man meint. Die Guides vom „Parker“-Team sind dazu auch in Stressbewältigung, Pädagogik und Psychologie geschult. Bevor eine Gruppe zum Klettern kommt, wird sie systematisch auf die Anforderungen in der Höhe vorbereitet; den Abschluss bildet ein Lebenssprung, der jedem Teilnehmer den Halt in der Gruppe vermittelt.
Oliver Parker möchte mit seinen gelungenen Events den Menschen spielerisch die Natur näherbringen; sie spüren lassen, welche Sicherheit ein Baum vermitteln kann, was im Einzelnen steckt, wenn er sich traut – und natürlich den Spaß am gemeinsamen Erleben sowie den fantastischen – angstfreien – Blick von den Wipfeln der Bäume.

Genießen und wohlfühlen im Chiemgau

Die bayerische Küche gilt generell als eine der besten in Deutschland. Wurde sie bis vor einiger Zeit noch ausschließlich mit deftigen Speisen wie Schweinsbraten oder Schweinshaxen in Verbindung gebracht, haben sich im Laufe der vergangenen Jahre in der Chiemgauer Region immer mehr auch italienische und österreichische Einflüsse in den Küchen durchgesetzt und die Gerichte damit um ein Vielfaches leichter gemacht. Gerne greifen hiesige Köche bei der Zubereitung ihrer köstlichen Speisen auf regionale Produkte zurück, was nicht verwundert bei der reichlichen Ernte, die sie direkt vor der Haustüre einfahren können. So leben noch immer zahlreiche aktive Fischer an den Ufern des Chiemsees wie auch auf der Fraueninsel, die täglich ausfahren, um ihre Netze auszuwerfen. Die Rezepturen ihrer feinen Spezialitäten sind überliefert und so werden vorwiegend Renken, aber auch Aale und Brachsen sanft überm Buchenholz geräuchert; sie bestechen in ihrer feinen, angenehm rauchigen Note, die auch die Fischsemmel auf der Hand zu einem wahren Leckerbissen macht. Zudem können Renken, Brachsen, Hecht und Zander je nach Tagesfang fangfrisch in den Fischereibetrieben erworben werden – im Ganzen in Butter oder Müllerin Art gebraten sowie als Filets zubereitet, sind sie eine edle Bereicherung jedes Speisezettels. Ein Delikatesse, die nicht immer zu erstehen ist,

sind die Renkenfilets auf Matjesart, die der hiesige wissende Gourmet jedem Sushi vorzieht. Verspeist in einer knusprigen Semmel, in der das Renkenfilet elegant auf einer leichten Schicht Crème fraîche gebettet liegt, ist diese Rarität ein Hochgenuss der besonderen Art, den sich der Feinschmecker nicht entgehen lassen sollte. Natürlich mundet dieser Matjes genauso angenehm bei Tisch als Brotzeit oder Teil eines feinen Menüs. Im Sommer bereiten einige Wirte an ihren Holzkohlegrills die köstlichen Steckerlfische zu – eine Spezialität, deren Duft bereits im Vorbeigehen das Wasser im Mund zusammenlaufen lässt. Danach bietet es sich an, ein Schnapserl von einer der zahlreichen ansässigen Brennereien zu verkosten – allen voran die vollmundigen, nach reifer Frucht duftenden und schmeckenden Chiemgauer Edelbrände von Johann Guggenbichler, die den schnellen, aber vollendeten Genuss in perfekter Weise abrunden. Die zahllosen Obstwiesen des Chiemgaus liefern auch hierzu beste Qualität frei Haus. Auf den von Blüten und Kräutern übersäten Wiesen weiden zudem Lämmer, heimische Rinder sowie spezielle Rassen wie das Galloway-, Charolaise- oder Black-Welsh-Rind, die allesamt mit besonders zartem und aromatischem Fleisch aufwarten.

In den vergangenen Jahren hat in den Chiemgauer Küchen vermehrt ein Umdenken eingesetzt, das die Köche zurück zu den Wurzeln blicken und althergebrachte, oftmals einfache Speisen wieder aufleben lässt. Um die verwöhnten Gaumen der Hiesigen wie auch der Gäste in gewohnter Weise zu betören, wandeln die einfallsreichen, vor allem aber äußerst talentierten und mit einem ausgesprochen feinen Geschmack versehenen Chiemgauer Köche die traditionellen Gerichte kreativ ab oder interpretieren italienische und österreichische Klassiker neu auf bayerisch. Und so finden sich auf den Speisekarten immer häufiger wieder einst spartanische Mahle oder Arme-Leute-Essen, die nun – von Könnern ihres Fachs veredelt – zu wahren Köstlichkeiten werden. So wird die Brotsuppe zum gelungenen Einstieg in das abendliche Menü, wenn klein geschnittene Würfel von Speck,

Brot, Zwiebeln und Käse vereint von einer heißen kräftigen Tafelspitzbrühe begossen werden. Bis die Speise den Platz des Gastes erreicht, ist sie in völliger harmonischer Einheit geschmacklich im wahrsten Sinne des Wortes verschmolzen. Ebenso entzücken die Knödl-Klassiker aus Südtirol in ihrer bayerischen Variante, bei der sich zu den Semmelbröseln je nach Saison Spinat oder Bärlauch gesellt; die Masse wird um einen Hauch würzigen Bergkäse ergänzt, der dem Knödl eine Konsistenz verleiht, die dem Gaumen herrlich cremig und saftig zugleich schmeichelt. In ähnlicher Weise verfeinert die Rote-Bete den Knödl, nur dass hier etwas Gorgonzola den außergewöhnlichen Schmelz bewirkt. Gekrönt von frisch geriebenem Parmesan und getaucht in etwas braune Butter wird dieses einfache Gericht zu einem Hochgenuss der besonderen Art, den man nicht so schnell vergisst. Auch die cremig pürierte Kartoffel-Sauerkraut-Suppe verblüfft in ihrem ausgesprochen feinen Geschmack. Der ambitionierte Chiemgauer Koch erhöht den altbekannten Essigknödl zum Carpaccio und Chips vom Serviettenknödl und serviert ihn in einer Tomaten-Pesto-Marinade sowie mit Raukesalat und Parmesan bestreut. Um der Region zu huldigen, bekommt das Vitello tonnato auf bayerische Art eine feine Creme vom Saibling als geschmackliche Begleitung hinzu; zum Dessert fahren die findigen Chiemgauer Köche ein Cappuccino aus Weißbier-Tiramisu auf. Der österreichische Wurst-Klassiker Käsekrainer wird hier aus Wildschweinfleisch zubereitet und von einem hausgemachten Orangensenf geleitet; dafür das typische Gröstl mit Oktopus zubereitet und mit Spargel und Kartoffelcrouton kredenzt. Immer wieder lassen die hiesigen Köche auch die guten alte Traditionen wieder aufleben – so tischen sie den obligatorischen knusprigen Schweinsbraten ofenfrisch aus dem Rohr nur mehr am Sonntag auf; oder sie schmoren das heimische Rehragout wie einst mit dem Rippenstück, stimmen die herrlich aromatisch sämige Sauce dafür mit etwas Bitterschokolade fein ab.

Gerne wird auch in der Gemeinschaft gespeist – so lädt manch Feinkostgeschäft seine Gäste zum mittäglichen Platz an die lange Tafel, wo die hausgemachten Frischkäsespezialitäten, verfeinert mit getrockneten Tomaten, Trüffelsalsa oder italienischem Prosciutto, ein kulinarisches Muss sind: Verkostet mit dem hausgemachten Oliven- oder Tomaten-Baguette, dazu am Glas mit dem offenen Hauswein genippt – wie unendlich köstlich kann doch ein – vermeintlich – einfacher Genuss sein, wenn er aus besten Zutaten und mit viel Liebe zubereitet ist.

Schloßwirtschaft Wildenwart

Schloßwirtschaft Wildenwart
Christoph Gelder

Ludwigstraße 8
83112 Frasdorf-Wildenwart

Telefon 0 80 51 / 27 56
Telefax 0 80 51 / 6 41 93
www.schlosswirtschaft-wildenwart.de

Wer den Charme authentischer Wirtshäuser liebt, wird von der „Schloßwirtschaft Wildenwart“ begeistert sein. Das Haus fasziniert nicht nur in seiner schlichten Schönheit, sondern darüber hinaus mit einer ehrlichen bayerischen Küche, die besser nicht sein könnte.

Mit dem Bau der Umgehungsstraße 2006 konnte der Herzog Max von Bayern seinen Schlossplatz wieder so gestalten, wie er einst einmal war – das Ensemble vor dem Schloss erstrahlt nun in vollendetem Glanz. Dabei wurde auch seine „Schloßwirtschaft“ grundlegend renoviert. Den Eingang ließ er originalgetreu auf die andere Seite des Hauses versetzen. Im Biergarten, der sich idyllisch an den wildromantischen Schlossgarten anschließt, finden nun unter dem Schatten uralter Linden und Kastanien rund 250 Personen ihren Platz. Lauschig sitzt man bei einem kühlen Bier des „Herzoglich Bayerischen Brauhaus Tegernsee“ und lauscht dem fröhlichen Gezwitscher der Vögel sowie dem Hämmern der Spechte. Der Wildenwarter Christoph Gelder kennt die „Schloßwirtschaft“ von Kindheit an; hier feierte er seine Taufe, ebenso Kommunion und Firmung – die Wahrung der Tradition des Hauses bedeutet ihm demgemäß sehr viel. Nach seiner Ausbildung zum Koch sammelte er viele Jahre Erfahrung in durchweg geho-

benen Küchen – so in Schottland, Südtirol, London und Shanghai, ebenso bei Witzigmann-Schüler Karl Ederer in München. In der „Schloßwirtschaft Wildenwart" setzt er eine kreative Küche um, die sich vor allem durch die raffinierte Zubereitung traditioneller Gerichte auszeichnet; dabei greift er gerne zu regionalen Zutaten, was absolute Frische gewährleistet – das Fleisch stammt von hiesigen Bauern, die Saiblinge vom Vater und die Forellen vom befreundeten Fischer. Bei der Präsentation der Speisen hält er es wie mit seinem Wirtshaus – sie kommt ohne unnötige Schnörkel aus. Und so mundet seine Fischsuppe von Chiemseefischen einfach köstlich; seinen feinen Chiemseerenken kredenzt er auf cremigen Bärlauch-Risotto und die lauwarmen Scheiben vom hausgemachten gepressten Kalbskopf serviert er an einer delikaten Tomaten-Estragon-Vinaigrette. Seine geschmorten Kalbsbäckchen lässt er bei Niedertemperatur über Nacht garen, bis sie butterzart sind. Serviert werden sie mit einer herrlichen Kruste aus Weißbrotbröseln, aufgeschlagener Butter, Parmesan und frischen Kräutern. Die wundervoll aromatische, mit Rotwein verfeinerte Schmorsauce kombiniert er ideal mit einem durchgepressten Kartoffelschnee. Natürlich gibt's auch den obligatorischen knusprigen Schweinsbraten, den er oft gleich zweimal täglich ins Rohr schiebt, sowie das begehrte Truthahnschnitzel Wildenwarter Art, das schon sein Vorgänger mit Cornflakes panierte.

Im Winter spielt im Saal das hiesige Bauerntheater, die ansässigen Schützen und Trachtler gehen nach wie vor ein und aus. Und so ist zwar jetzt vieles anders, letztlich aber doch alles beim Alten geblieben. Für Christoph Gelder sollte sich ein Wirtshaus wie ein gelungenes Bild präsentieren, dessen Schönheit mit jedem Moment des Betrachtens ein wenig größer wird. Zum Glück ist die Küche nach allen Seiten hin offen, sodass auch er seinen Blick immer wieder über das Geschehen schweifen lassen kann – und gemeinsam mit dem Gast dieses bezaubernde Juwel genießen.

Edelbrandmanufaktur Guggenbichler

Chiemgauer Schnaps Spezialitäten
Johann Guggenbichler

Oberacherting 1
83112 Frasdorf

Telefon 0 80 32 / 7 07 99 47
Telefax 0 80 32 / 7 07 99 48
www.chiemsee-edelbrand.de

Der Chiemgau bezaubert nicht nur mit seiner Seen- und Berglandschaft, sondern auch mit den sanften Hügeln seiner Streuobstwiesen, die alljährlich mit ihrer Blütenpracht begeistern. Wer sich am Duft und dem Bukett heimischer Früchte ergötzen möchte, dem sei ein Besuch bei Johann Guggenbichler angeraten – denn seine Edelbrände entfachen ein wahres Feuerwerk an Aromen.

Das Brennrecht liegt bereits seit 1829 auf dem Achertinger Hof – vermutlich besteht es deutlich länger, denn der Hof wurde 1245 erstmals erwähnt; besiedelt ist die Gegend seit dem sechsten Jahrhundert. Der hiesige Baumbestand verfügt dementsprechend über viele alte Sorten, die allenthalben nur mehr selten zu finden sind wie die kleine, besonders aromatische „Frauenbirne" oder die rare „Kaiserbirne". Johann Guggenbichler brennt daraus seinen Brand „Beste Birne" – mit dem er bis zu 70 Sorten veredelt. Schon der Duft allein betört die Sinne, man vermeint bereits hier, die Frucht zu schmecken; im Gaumen eröffnet sich dann mit dem langen Finale ein überwältigendes Festival an Aromen, das seinesgleichen sucht. Um solche Geschmacksnuancen zu erzielen, braucht es eine enorme Erfahrung sowie beste Obstqualitäten. Denn die exzellenten Frasdorfer Brände sind zu 100 Prozent zuckerfrei; im Glas befindet sich nur die veredelte Frucht. Weshalb Johann Guggenbichler ausschließlich bestes, gesundes und vollreifes Obst verwendet; wenn auch so mancher Schnaps nicht jedes Jahr gebrannt werden kann, weil das Angebot beispielsweise an Waldhimbeeren oder Schlehen begrenzt ist.
Johann Guggenbichler, der als Diplom-Ingenieur arbeitet und nur im Nebenerwerb brennt, agiert bereits seit 35 Jahren an der Brennblase. Schon als kleiner Junge half er dem Vater – zunächst beim Reinigen der Fässer, später mit ersten Handgriffen, wenn der Vater auf dem Feld zu tun hatte. Zudem kann die Familie auf ein in Jahrhunderten gereiftes Wissen zurückgreifen, das alle jene Tücken und Kniffe des Brennens kennt, die in keinem Lehrbuch

nachzulesen sind. Was sich mittlerweile weit über die Region hinaus herumgesprochen hat – denn die Edelbrände der „Chiemgauer Schnaps Spezialitäten" finden sich deutschlandweit in zahlreichen gastronomischen Sternehäusern und Feinkostgeschäften wie auch in hiesigen Wirtshäusern und Almhütten. Beim World Spirits Award 2009 wurden zudem Johann Guggenbichlers Schlehenbrand und sein Himbeergeist mit Gold prämiert. In seinem Stüberl auf dem Achertinger Hof können Interessierte – nach Voranmeldung – all seine Kostbarkeiten probieren; gern informiert er dabei über das Kulturgut Schnaps, das bislang noch nicht den ihm würdigen Stellenwert in der Welt des Genusses erlangt hat. Johann Guggenbichler betrachtet sein über Jahrhunderte bestehendes Brennrecht als ein Privileg, das es zu erfüllen gilt. Mit seiner Passion trägt er zudem dazu bei, die hiesige Kulturlandschaft zu erhalten, denn wenn die Bauern ihr Obst nicht mehr verwenden können, verschwinden bald auch die bezaubernden Streuobstwiesen aus der Landschaft. Und so profitiert die Region von der Kunst des Johann Guggenbichler – vor allem aber die Kenner und Genießer.

Mitterbichl

Mitterbichl
Annemarie und Lorenz Hofstetter

Mitterbichl 1
83112 Frasdorf

Telefon 0 80 52 / 22 49
Telefax 0 80 52 / 22 49
www.mitterbichl.de

Wer in stimmungsvollem Ambiente inmitten schönster Natur stilvoll feiern will, dem sei der historische Festsaal im „Mitterbichl" empfohlen. Der in liebevoller und akribischer Handarbeit restaurierte ehemalige Stall von Annemarie und Lorenz Hofstetter verzaubert nicht nur jeden Gast, sondern verleiht jedem Fest einen außergewöhnlich würdevollen Rahmen.

Mit ihrem Engagement veranschaulichen die beiden zudem, wie mit kreativem Feingefühl und handwerklichem Augenmaß die Traditionen der ländlichen Kultur respektvoll bewahrt werden können. Der Hof wurde 1369 das erste Mal urkundlich erwähnt – die exponierte Lage auf 700 Höhenmetern auf der beschaulichen Anhöhe am Fuße des Schwarzenbergs gab ihm den Namen. Weit fällt der Blick über die hügelige Landschaft bis nach Rosenheim. Besonders reizvoll, wenn am Abend die Sonne den Horizont in gleißendes Rot hüllt und später die Lichter der Stadt den Himmel erleuchten. Rund ums Haus hört man es plätschern – vom kleinen Bachlauf gleich gegenüber wie auch vom idyllischen Brunnen, der von einer der vielen nahen Quellen gespeist wird; nach landläufiger Meinung entspringen sie an Orten der Kraft. Das „Mitterbichl" scheint ein solcher Platz zu sein – denn die Bewohner werden seit jeher sehr alt und selbst die Katze des Hausherrn, die Miezi, hat stattliche 34 Jahre auf dem „Buckel". Seit Lorenz Hofstetter das Anwesen 1975 erwarb, baute er es ständig um. 2006 legte er dann sein Prunkstück in aufwendiger Handarbeit frei – das fantastische Gewölbe, unter dem noch bis 2005 Pferde standen. Um bei der Restaurierung höchste Authentizität zu wahren, verwendeten die Hofstetters ausschließlich heimische Materialien und Accessoires. So besitzen die großen Fenster und Türen charakteristische Sprossen, kleidet edler Marmor und massives Bergtannenholz den Boden, sind die Stühle handgeschnitzt. Das indirekte Licht, das das Gewölbe zum Strahlen bringt, leuchtet aus getöpferten Lampen, die in Form von Schwalbennestern an einstige „Zaungäste" erinnern. Der offene Kamin wurde in den ehemaligen Durchgang zum Hühnerstall gebaut; seine elegante Marmormaske entstammt einer verlassenen Chiemgauer Villa. Mit der teils ursprünglich belassenen Mauer wollten die Hofstetters der Mühen der einstigen Besitzer gedenken, die zum Bau des Hofes riesige

Steine vom Schwarzenberg herab schleppen mussten. Bei aller Liebe zur Historie – bei Heizung und Sanitär installierten sie ausschließlich modernste Technik. So sitzt der Gast im bezaubernden Ambiente des böhmischen Gewölbes in einem von Licht durchfluteten, elegant eingedeckten und feierlich geschmückten Raum; blickt nach allen Seiten in die vollendete Pracht der Natur und kann dem Röhren der Hirsche, dem Klingen der Kuhglocken und dem Schreien der Eulen andächtig lauschen.

Das „Mitterbichl" fasziniert zu jeder Jahreszeit und bietet stets den idealen Platz zum Feiern: Im Winter, wenn Glühwein und der knisternde Kamin die Gemüter erwärmen; im Frühling, wenn die blühenden Wiesen zur romantischen Trauung unterm Obstbaum locken, und im Sommer, wenn die idyllische Terrasse zum Sommernachtsfest lädt – ganz gleich, welchen Anlass Sie begehen, Annemarie und Lorenz Hofstetter heißen Sie aufs Herzlichste willkommen.

Petra Kaufmann – Dialog mit Pferden

Petra Kaufmann – Dialog mit Pferden

Donat-Osterhammer-Straße 7
83233 Bernau

Telefon 0 80 51 / 96 82 30

„Alles Glück der Erde liegt auf dem Rücken der Pferde ...“ – für Petra Kaufmann nicht nur eine Volksweisheit. Wenn sie ohne Sattel und Trense über die Chiemgauer Wiesen galoppiert, fühlt sie sich eins mit ihrer Stute – und frei.

Von Kindheit an verbrachte die Bernauerin viel Zeit mit Pferden; als Dreijährige begann sie zu reiten und war später ständig auf dem benachbarten Gestüt. Von dessen Inhaberin – einer wahren Pferdekennerin – lernte sie viel über das Wesen und die Bedürfnisse der sensiblen Tiere. Je länger sie sich mit den Pferden beschäftigte, umso deutlicher wurde ihr, dass statt Freundschaft oft Missverständnis und Unsicherheit das Miteinander prägen. Um dem entgegenzuwirken, gründete sie ihren „Dialog mit Pferden“, mit dem sie Pferd und Halter wieder in Einklang bringen will. Dazu muss der Mensch seinem Tier Schutz und Führung bieten – so wie die Leitstute ihre Herde führt und der zugehörige Hengst sie schützt. Um sich auf Führung einzulassen, braucht das Pferd klare Signale, die auch über die Körpersprache kommuniziert werden. Pferde spüren genau, wie authentisch und verbindlich der Mensch ist; sie vermögen den Schein vom Sein zu unterscheiden, was Rückschlüsse auf die momentane Befindlichkeit des Gegenübers erlaubt. Eine Erkenntnis, die sie mit dem Management-Trainer Rainer Herlt in Führungsseminaren umsetzt.
Mit vertrauensbildenden Übungen bringt Petra Kaufmann Pferd und Reiter wieder in Harmonie; schafft sie zwei gleichwertige Wesen, die sich kameradschaftlich begegnen und gemeinsam die Faszination von Freiheit und Wildheit genießen – und das in einer Welt, in der sonst alles gezähmt ist.

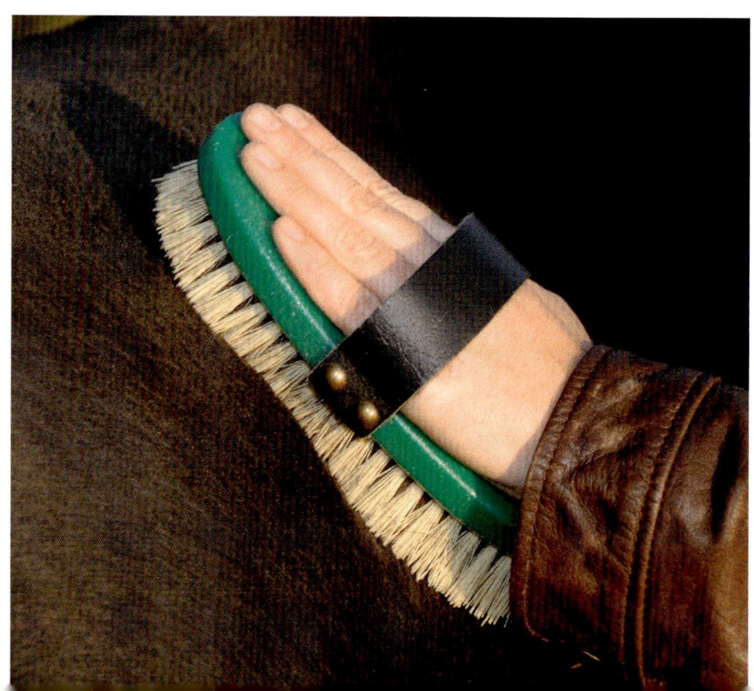

hloss Hohenaschau

Sommerakademie Hohenaschau

Sommerakademie Hohenaschau
Akademie für Bildende Kunst
Peggy Freifrau von Cramer-Klett

Cramer-Klett-Straße 15
83229 Aschau im Chiemgau

Telefon 0 80 52 / 7 88
Telefax 0 80 52 / 95 19 17
www.sommerakademie-hohenaschau.de

Wer ein Faible für die schönen Künste hegt und gerne selbst zu Farbe und Pinsel greifen möchte, dem sei die „Sommerakademie Hohenaschau" empfohlen – hier, am Fuße der Kampenwand sowie des trutzigen Schlosses gelegen, findet der Schöngeist seine Inspiration und Muße.

Die charmanten Räume der aus der vorletzten Jahrhundertwende stammenden Villa dienten einst der Familie von Cramer-Klett als Wohnsitz; heute bilden sie den stimmungsvollen Rahmen für schöpferische Prozesse. Rasso Freiherr von Cramer-Klett sowie seine Frau Peggy beschlossen in den 1990er-Jahren, das herrschaftliche Anwesen mit seinem idyllischen Park den schönen Künsten zu widmen. Der Kunst fühlte sich die Familie seit jeher verbunden; so gehörte der Urgroßvater Max Haushofer zur Gruppe der berühmten Chiemseemaler und der Vater Ludwig Freiherr von Cramer-Klett war ein bekannter Jagdschriftsteller. 1995 gründete Peggy Freifrau von Cramer-Klett mit Rudolph Distler, dem bekannten Maler und Kurator des Aschauer Kunst- und Kulturvereins, die „Sommerakademie Hohenaschau". 1999 stieß Biggi Ritscher dazu, die seither gemeinsam mit der Gründerin die Akademie

leitet. Intention der Kunstliebhaber war es, einen Ort zu schaffen, der Kreativwerkstatt und schöpferische Oase zugleich ist, in dem der Esprit der Kunst sich entfalten kann – ganz ohne schulischen Druck – und der letztlich ein anheimelndes Künstler-Zuhause darstellt. Was wohl gelungen ist. In kleinen Gruppen von acht bis 13 Teilnehmern haben die allesamt renommierten Künstler beste Gelegenheit, ihre Zöglinge intensiv und einfühlsam zu betreuen. Die Teilnehmer erhalten das Rüstzeug sowie künstlerische Anregung – ihre persönlichen Ziele stecken sie sich jedoch selbst. Unter der liebevollen Obhut von Peggy Freifrau von Cramer-Klett und Biggi Ritscher wuchs so im Laufe der Jahre eine kleine Künstlerfamilie zusammen, die sich aus immer wiederkehrenden sowie neuen Schülern zusammensetzt, die gemeinsam arbeiten und sich weiterentwickeln, dabei aber auch zur Ruhe kommen sowie Inspiration und Muße finden. Drei Viertel der Teilnehmer sind Stammgäste, ihr Kommen erweckt eher den Anschein eines Heimkehrens – für manch einen wurde so aus der Passion eine Profession. Das umfangreiche Programm wartet von März bis November, jeweils an fünf Tagen in der Woche, mit einem umfassenden künstlerischen Angebot auf und bietet vom Zeichenkurs für Anfänger bis zu fortgeschrittenen Techniken für Profis das passende Seminar für jedes Niveau und

Können. Skulptur-Modellier-Kurse finden zudem im hübschen Pavillon im Park statt. Die „Sommerakademie Hohenaschau" bietet nunmehr seit über einem Jahrzehnt den schönen Künsten eine Heimstatt: Im Angesicht der Jagdgöttin Diana, umgeben von der Chiemgauer Bergwelt und unter dem leisen Gurgeln der Prien finden hier Kunstliebhaber wie Künstler im Schatten der Jahrhunderte alten Buchen, Eschen und Ahornbäumen nicht nur lauschige Plätze zum Erholen und Wohlfühlen, sondern Entspannung pur für Geist und Seele.

Dogsphysio

Dogsphysio
Praxis für Hunde-Physiotherapie
Sabine Harrer

Scheibenwandstraße 3
83229 Aschau im Chiemgau

Telefon 0 80 52 / 95 64 64
Mobil 01 70 / 2 91 90 90
www.dogsphysio.de

Dass Hund und Halter sich immer mehr angleichen, ist eine Binsenweisheit; dass sich auch ihre Beschwerden ähneln, indes Tatsache. Was heißt – auch dem Hund kann geholfen werden. Sabine Harrer weiß wie.

Als passionierte Hundenärrin legte sich die Physiotherapeutin vor Jahren einen Berner Sennenhund zu. Als der zu lahmen begann und operiert werden musste, kam ihr der Gedanke, ihn bei der Genesung zu unterstützen. Sie begann in Absprache mit der Klinik mit einer physiotherapeutischen Behandlung. Was ihrem Hund sehr gut bekam, konnte anderen nur nützen – so die Erkenntnis der erfahrenen Therapeutin: Sie absolvierte die neu vom Zentralverband der Krankengymnasten angebotene, einjährig berufsbegleitende Ausbildung zur Hunde-Physiotherapeutin und behandelt nun seit 2008 in separaten Räumen auch vierbeinige Patienten. Deren Beschwerden reichen von Bandscheibenvorfällen bis zu Arthrosen. Mit viel Verständnis, Geduld und Einfühlungsvermögen massiert, stabilisiert und mobilisiert sie ihre „tierischen" Patienten mittels Wackelbrett, Trampolin oder Hürdenlauf. Und ihre Erfolge können sich sehen lassen: So tapste ein vom Rückenmarkinfarkt gelähmter Hund bereits nach wenigen Wochen wieder erste Schritte. Doch auch dann, wenn der Hund nicht mehr recht laufen oder springen will, kann eine Behandlung sinnvoll sein. Denn Ursache könnte ein Schmerz sein, der dem Hund den Spaß an der Bewegung nimmt. Dass er den bei Sabine Harrer ganz schnell zurückgewinnt, verrät die sichtbare Freude, mit der die Vierbeiner ihre Physiotherapie ausüben.

Weinhandel Steininger

Weinhandel Steininger
Hans und Marianne Steininger

Rosenstraße 4
83229 Aschau im Chiemgau

Telefon 0 80 52 / 90 96 47
Telefax 0 80 52 / 9 57 09 82

Wer meint, die Bayern pflegen vor allem ihre Bierkultur, hat Recht; doch immer mehr bekennen sich auch zum Wein – so wie Hans Steininger, der gemeinsam mit Frau Marianne sein Hobby zum Beruf machte.

Was zunächst mit einigen kulinarischen „Mitbringseln" aus dem Toskana-Urlaub begann, mündete – nach ersten Verkostungen mit Freunden – in gezielten Käufen und endete im heutigen Weinhandel. Mittlerweile beschäftigt sich Hans Steininger seit rund 25 Jahren intensiv mit dem Thema Wein, informiert sich in Weinsensorik-Kursen und der aktuellen Fachliteratur – und natürlich vor Ort bei den Winzern, bevorzugt in der Toskana und in Südtirol. Den ehemaligen Handwerker packt nach wie vor die Leidenschaft, wenn er im heimischen Stüberl über die Vielfalt der Aromen schwärmt, die ihn so faszinieren und die er so treffend umschreiben kann, dass man beim Zuhören bereits den Geschmack geradezu wahrzunehmen vermeint. An die 2 000 Flaschen von rund 60 Weingütern lagern im hauseigenen Keller – edle Raritäten sowie von Winzern, die nur wenige Liter im Jahr keltern. Gerne besorgt er auch auserwählte Tropfen, zu bestellen ganz leicht übers Internet. Ein Besuch im Hause Steininger lohnt sich – nach telefonischer Ankündigung – jedoch immer, schon allein, um die neueste Weinempfehlung nicht zu versäumen. Nach wie vor genießen die beiden Wein am liebsten zum Essen – ganz mediterran natürlich, denn auch die Küche haben die Steiningers längst „auf Italienisch" umgestellt.

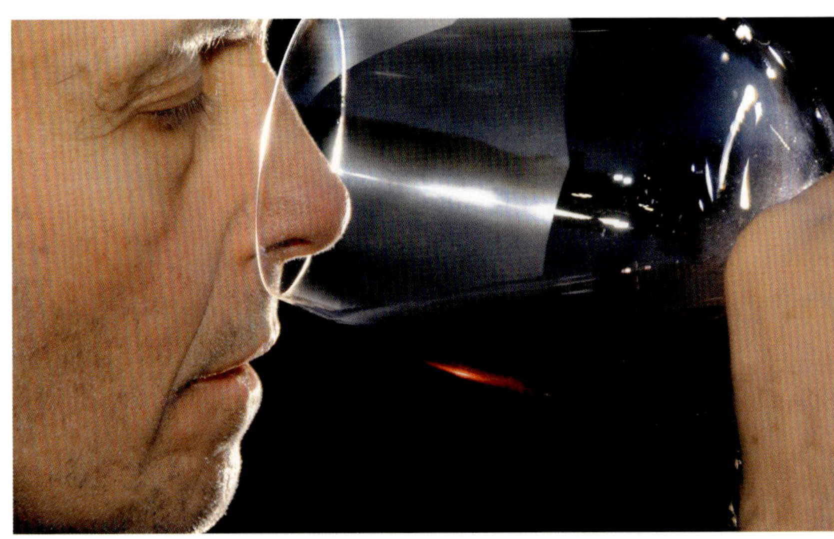

Bergidylle mit Aussicht auf den imposanten Gipfelgrat der Kampenwand

Porzellanmalerei Brigitte Kalckbrenner

Porzellanmalerei
Atelier Brigitte Kalckbrenner

Schulstraße 21
83229 Aschau-Sachrang

Telefon 0 80 57 / 90 47 86

Ein geschmackvolles Tafelservice ist sicherlich die Krönung eines jeden fein gedeckten Tischs. Wer hier das Individuelle sucht, findet im Atelier von Brigitte Kalckbrenner mit Sicherheit sein Lieblingsmotiv – und er kann gleich selbst zum Pinsel greifen.

Seit 1993 bemalt die gebürtige Thüringerin Porzellan und führt damit die Tradition der Familie fort: Die Großeltern besaßen einst eine Porzellanmanufaktur und einige ihrer Vorfahren waren ebenso künstlerisch tätig. Neben privatem Unterricht absolvierte die Mutter zweier erwachsener Kinder einen einwöchigen Kreativkurs in der weltberühmten Porzellan-Manufaktur Meißen. Unter inspirierenden Harfenklängen entsteht nun mit feinen Pinselstrichen, dem Tupfen des Schwämmchens und dem Verwischen des Radierstiftes reizendes Porzellan, das naturgenaue Details von Blüten und Blättern sowie lebendige Schattierungen aufweist. Gerne malt sie ihre ausdrucksstarken Motive wie Mohn, Zitronen- oder Olivenzweige sowie das Gingkoblatt in heiteren Farben. Auf Wunsch gestaltet sie auch persönliche Geschenke oder individuell auf das Interieur abgestimmte Kacheln und Fliesen; ebenso kann altes verblichenes Geschirr ausgebessert werden. Für alle, die daran Gefallen finden, hält Brigitte Kalckbrenner in ihrem kleinen Sachranger Atelier Porzellanmalkurse ab; außer einer ruhigen Hand und etwas Fantasie bedarf es dazu nichts. Mit ihren liebenswerten Arbeiten verschönert die sympathische wie lebenslustige Künstlerin nicht nur jede Tafel in eleganter und stilvoller Weise, sondern stiftet damit auch noch jede Menge Freude und Frohsinn.

Samerberg – verträumte Idylle

Schusterhäusl in Törwang

Herbstwald am Samerberg

Das Hochtal des Samerbergs ist eine stille und beschauliche Landschaft, die vor allem mit ihrer exponierten Lage besticht. Das Auge blickt über sanfte Hügel hin zu fantastischen Ansichten – gen Süden in die Chiemgauer Alpen, in Richtung Norden weit ins Rosenheimer Land bis hin zum Simssee und Chiemsee. Der Landstrich liegt selbst auf durchschnittlich 720 Höhenmetern und ist quasi eine „Berginsel" vor den Chiemgauer Bergen. Mit seiner natürlichen Unberührtheit ist er der ideale Platz, um geruhsame Momente, aber auch sportliche Abenteuer zu erleben. Direkt vor dem Samerberg richtet sich die 1 569 Meter hohe Hochries auf. Sie hat sich als Eldorado für Gleitschirm- und Drachenflieger einen Namen gemacht, da sie über beste Windverhältnisse, kurze Start- und gute Landebahnen sowie eine optimale Anbindung mittels Sessellift sowie Seilbahn verfügt. Von hier starten auch die Teilnehmer der hiesigen Gleitschirm- sowie der Tandemflugschule zu ihren Ausflügen in die Lüfte. Wer lieber festen Boden unter den Füßen hat, kann auf einem der rund 44 leichten wie schwierigen Rundwanderwege den Samerberg erkunden oder sich mit Kletterrouten dem Gipfel nähern – und sich dabei immer wieder in einer der heimeligen bewirtschafteten Almen zur Rast mit einer herzhaften Brotzeit niederlassen. In gut zwei Stunden ist die Hochries von Grainbach aus erklommen; von hier offenbart sich dem Wanderer ein überwältigender Rundum-Panoramablick bis zu den Tiroler Alpen. Besonders reizvoll ist auch die Kräuterwiesenwanderung, die von Grainbach aus rund zwei Stunden in Anspruch nimmt. Wer die Route um etwa eine halbe Stunde verkürzen möchte, kann von der Mittelstation aus beginnen; zu ihr gelangt der Wanderer bequem mit dem in Grainbach angesiedelten Sessellift. Von dort geht's nun vorbei an der Käseralm, die schon zu einer kurzen Rast einlädt, und weiter in die herrlich duftende Kräuterwiese. Alsbald kommt der Wanderer am Lochnerhof vorbei, bei dem sich ein Abstecher in die hauseigene Käserei lohnt: Hier

Blick auf Grainbach mit Hochries

sollte man sich mit einer Kostprobe der feinen Rohmilchkäse für den restlichen Weg wappnen, der von hier wieder zurück nach Grainbach führt. Wem das Rad als Fortbewegungsmittel lieber ist, findet am Samerberg mit dem „Fahrtwind" den richtigen Partner: Das Team tüftelt in seiner kleinen hölzernen Hütte in Wiesholz nicht nur erlebnisreiche Mountainbiketouren rund um den Samerberg und durch den Chiemgau aus, sondern organisiert von hier aus Abenteuerreisen mit dem Mountainbike in

Kirche in Grainbach

Blick vom Samerberg

Bauernhaus am Samerberg

die ganze Welt. Auch im Winter bietet der Samerberg für Sportler gute Bedingungen. Neben zahllosen Langlaufloipen wartet die Hochries zudem mit flachem Gelände auf, das sich für leichte Skiwanderungen eignet – was gerade bei angespannter Lawinenlage einen sorgenfreien sportlichen Genuss sicherstellt.
Zum Samerberg gehören insgesamt rund 70 Weiler und Einöden sowie einige markant gebaute Hügelirchen, die einst auch als Wehrkirchen dienten. Da sich die Böden zur Viehzucht mehr schlecht als recht eigneten, züchteten die Bauern vorwieend Rösser. Mit ihnen etablierte sich hier auch der Beruf des Saum- oder Samerwesens, woraus sich auch der Name der Region ableitet: Als Saum bezeichnete man das Gewicht einer Traglast; und so beförderten die Samer einst auf ihren Samrossen, den Packpferden, Salz, Getreide, Wein sowie andere Güter des täglichen Gebrauchs von Bad Reichenhall oder auch aus Südtirol über das Gebirge. Die Tradition des Saumwesens wird bis heute im Grainbacher Trachtenverein sowie bei geführten Samerwanderungen hochgehalten. Die stillen und verträumten Dörfer am Samerberg sind allesamt noch recht ursprünglich. Allen voran sei der malerische Hauptort Törwang genannt, dessen schmucke Häuser um den Dorfplatz mit ihren zauberhaften Lüftlmalereien bestechen. Hier findet sich auch das einzige Motorbike-Hotel Oberbayerns – kein Wunder, wenn der Chef und Inhaber selbst ein eingefleischter Motorradfahrer ist. Vom Dorfplatz aus führt eine kleine Straße hinauf nach Obereck zur idyllischen Aussichtskapelle, die im Schatten der Luitpoldeiche steht und einen wunderbaren Panoramablick ins Rosenheimer Land sowie die Berge preisgibt. Von hier aus kann der Gast sich zum kunsthistorischen Vierkirchenrundweg aufmachen, der neben kulturhistorischen Besonderheiten immer wieder auch herrliche Ausblicke in die besonders reizvolle Natur offenbart. In knapp vier Stunden ist die Tour mit ihren rund 300 Metern Höhenunterschied zu Fuß bequem zu bewältigen. Dabei erhält der Wanderer einen guten Überblick über den Samerberg sowie seine be-

Die Filze des Samerbergs laden zum Verweilen ein

schaulichen wie historischen Sehenswürdigkeiten. In Steinkirchen steht, schon von weitem sichtbar, trutzig auf einer Anhöhe inmitten von Bergwiesen die spätgotische Filialkirche Sankt Peter – sie gilt als eine der am schönsten gelegenen im Landkreis Rosenheim. 1750 wurde der schlichte Innenraum barockisiert. In Roßholzen erwartet die Filialkirche Sankt Bartholomäus den Reisenden; sie wurde 788 urkundlich das erste Mal erwähnt. Der heutige Bau entstand zwischen 1470 und 1500. In Grainbach schließlich findet sich gleich neben dem besonders empfehlenswerten „Gasthof Alpenrose", der bei einem Aufenthalt am Samerberg unbedingt aufgesucht werden sollte, die älteste Kirche: Die Grundmauern der Filialkirche Sankt Ägidius und Nikolaus stammen aus dem Jahre 1275. Von den einst wilden und robusten Zeiten zeugt das große Loch in der Kirchentüre, das einst Plünderer einschlugen. Der Mesner wollte sich und das Kirchengut vor den Missetätern retten, verschloss sein Gotteshaus und versuchte, über den Glockenturm zu entkommen; dabei benutzte er leider auch die Seile der Glo-

Dorfbrunnen am Schusterhäusl

Dorfbrunnen mit Daxerhof in Törwang

cken, die zu läuten begannen und die Diebe auf ihn aufmerksam machten. Was ihm nicht gut bekam – er verlor auf der Flucht sein Leben. Der Rundweg führt schließlich in das idyllische Törwang und zur Pfarrkirche Mariä Himmelfahrt, der größten Kirche am Samerberg. Der um 1500 erbaute und in den 1920er-Jahren erweiterte Bau verblüfft mit seiner besonders guten Akustik.

Seit 2008 ist der Samerberg um eine ungewöhnliche Attraktion reicher: Am Ortsrand von Grainbach gelegen, öffnet die neue Bauerngolfanlage in der Saison täglich ihre Pforten. Bei dieser ländlichen Variante des eleganten Ballsports wird nicht wie beim original Golf auf ordentlich gemähten beziehungsweise akkurat geschorenen Greens gespielt, sondern mitten auf der Weide sowie auf abschüssigen Flächen zwischen Obstbäumen und anderen landwirtschaftlichen Hindernissen wie Brennholzstapeln, Strohballen oder Baumstämmen. Die Regeln sind denen des Golfspielens ähnlich, jedoch wurden Details ländlich rustikal abgewandelt und mit einer gehörigen Portion Augenzwinkern versehen.

So führen die Spieler keine Trolleys für ihre Schläger und Utensilien mit sich, sondern einen bäuerlichen Leiterwagen, der Platz für Kleidung, Getränke oder auch Kinder bietet. Als Schläger dient ein Stiel, an dem ein Holzschuh angebracht ist. Gespielt wird mit einem Lederball, der ungefähr die Größe eines Handballs hat. Wie beim Golf versucht der Spieler nun mit möglichst wenigen Schlägen, den Ball ins Loch zu bugsieren. Als Holes fungieren beim Bauerngolf eingelassene Eimer. In rund zwei Stunden hat ein durchschnittlich begabter „Bauerngolfer“ den Parcours mit seinen zehn Bahnen bewältigt. Mitspielen kann jeder, es sind keinerlei Vorkenntnisse nötig; ebenso wenig muss eine Platzreife oder Clubmitgliedschaft vorhanden sein. Es eignet sich als Einzeldisziplin wie auch als Gruppenwettbewerb; die Sieger von größeren Gruppen erhalten zudem einen Preis – was das Bauerngolf zu einem familienfreundlichen Spaß an der frischen Luft macht. Die neue Sportart stammt übrigens aus Holland, wo sie seit 2003 existiert und sich schnell zu einer zügig anwachsenden Sportart entwickelt hat. Auch am Samerberg erfreut sie sich seit der Eröffnung einer großen Nachfrage – schon in der ersten Woche stellten sich 350 Besucher ein.

Tandemfliegen.aero

Tandemfliegen.aero
Flugerlebnis Chiemgau
Ulrich und Gabi Kittelberger

Schweinsteig 2
83122 Samerberg

Telefon 0 80 32 / 98 29 42
Mobil 01 73 / 5 75 37 97
www.tandemfliegen.aero

Der Traum vom Fliegen ist so alt wie die Menschheit – Ulrich und Gabi Kittelberger lassen ihn wahr werden. In ihrer Tandemflugschule kann jeder, der dazu Lust hat, gemeinsam mit ihnen sanft durch die Lüfte schweben.

Als bestens ausgebildete Tandempiloten sorgen sie mit ihrem fünfköpfigen professionellen Team für sichere wie faszinierende Momente. Die Gäste, gleich welchen Alters, sitzen dabei bequem auf einem Sitz direkt vor den steuernden Piloten. Der Start ist eher sanft – nach wenigen Schritten hebt der Gleitschirm ab und trägt das Tandempaar in luftige Höhen, noch bevor der Abhang sich nähert. Ruhig und schwerelos gleiten die Flieger dann in völliger Stille in bis zu 30 Minuten ins Tal – begleitet von vorbeiziehenden Vögeln und mit atemberaubendem Blick auf Berg und Tal. Wer es lieber turbulent mag, kann sich am Spiralfliegen probieren – die Ausschüttung von Adrenalin ist dabei sicher. Der Tandemschirm bewegt sich hier sehr schnell im Kreis und verliert rasant an Höhe, was die Flieger mit enormem Druck in ihre Sitze presst – ein unvergleichliches Abenteuer. Im Frühjahr sind zudem thermische Flüge möglich, bei denen die Flieger bis zu mehrere Stunden in der Höhe schweben; die Kraft der Auf- und Abwinde schüttelt dabei Tandempilot und Gast oft ein wenig durch. Die Kittelbergers selbst lieben vor allem den Alpinflug. Dazu erklimmen sie den Berg zu Fuß, den Gleitschirm im Gepäck. Am Gipfel machen sie sich klar zum Start: Der „Abstieg" erfolgt durch die Luft und löst ein wahrhaft königliches Gefühl aus – eines, das süchtig macht.

Gasthof Alpenrose

Gasthof Alpenrose
Lerche GbR

Kirchplatz 2
83122 Samerberg / Grainbach

Telefon 0 80 32 / 82 63
Telefax 0 80 32 / 82 63
www.alpenrose-samerberg.de

Wenn in der Küche drei Generationen in bester Weise harmonieren, dann muss es sich um ein besonders liebenswertes Haus handeln. Im „Gasthof Alpenrose" hantieren Oma, Mutter, Sohn und Tochter gemeinsam am Herd; ihre Köstlichkeiten vereinen die traditionellen Speisen Bayerns und Österreichs, bereichert um die Ideen einer kreativen Kochkunst – und das garantiert höchsten Genuss.

Der Gasthof ist jahrhundertealt; das Schankrecht besteht seit 1580. Im heutigen, 1781 erbauten Haus agierte einst der Mesner der nebenstehenden Kirche St. Ägidius als Wirt, Metzger und Bader zugleich. In den Besitz der Familie Wörndl gelangte das Anwesen 1868, als ein Urahne Hof und Wirtschaft übernahm. Oma Maria Wörndl betrieb das Lokal stolze 50 Jahre lang, bis es 1999 ihre Tochter Maria Lerche übernahm. Sie baute das Haus um und aus. Schon beim Betrach-

ten der prächtigen Fassade mit ihrem Heiligenbild und der stattlich von Säulen verzierten Eingangstür zeigt sich die ganze Pracht des Hauses, die sich in der großzügig gehaltenen Diele mit ihrem wunderschönen Rosenbordürendruck sowie den auffallend schmucken Kacheln fortsetzt. Die alte Wirtsstube könnte heimeliger nicht sein. Rechts am Kachelofen steht der lange Stammtisch, an dem sich zu später Stunde die Jugend der Umgebung sowie die letzten Gäste zur Familie gesellen. Der schönste Platz im Raum ist vielleicht der unterm Herrgottswinkel, denn er gestattet einen wunderbaren Blick in die offen einsehbare Küche. Die liebenswerte Art des Hauses lässt sich an vielen kleinen Details erkennen, so an den reizenden Schiefertafeln, die zu Reservierungen mit Namen und stimmigen Motiven bemalt werden. Die neue Stube begeistert in ihrer hellen luftigen Atmosphäre. Im Inneren macht sich eine ebenso wohlige Stimmung breit, die vom Kachelofen und zahlreichen handbestickten Leinenkissen getragen wird. Die großen Fenster rundum führen das Auge zum gemütlichen Biergarten, in dem unter dem Schatten der Bäume ein kleiner Brunnen leise vor sich hin plätschert. Besonders bezaubernd sitzt man hier bei Nacht, wenn die idyllische Kirche wunderschön beleuchtet ist. Direkt ums Haus herum zieht sich zudem eine überdachte große Veranda, die von rankenden Pflanzen wie der blaublühenden Glyzinie sowie der großblättrigen Pfeifenwinde umrahmt wird und etwas an österreichische Buschenschenken erinnert. Acht freundliche Gästezimmer befinden sich im Obergeschoss; sie sind im Stil der guten alten Zeit gehalten. Im Nebengebäude wurden 2007 drei weitere stimmungsvolle Zimmer neu in liebenswerter Art ausgebaut. Die gelungene Kombination von alt und neu setzt sich auch in der Küche fort, die zwar ihren Wirtshauscharakter mit Schweinsbraten, Haxe oder gefüllter Kalbsbrust, die im Holzofen bei offenem Feuer gegart werden, beibehält, aber mit dem Einstieg von Sohn Florian Lerche 2004 deutlich andere Wege einschlägt. Nach dem Abitur ging der junge Mann in die Steiermark, um dort im renommierten „Jagawirt" das Kochen zu erlernen. In der Alpenrose sind seine steirischen Einflüsse unverkennbar zu spüren – so gilt sein fantastisch saftiges und herrlich knuspriges Backhendl als eines der besten weit und breit. Dazu tischt der sympathische junge Koch einen lauwarmen Kartoffelsalat auf, den er wahlweise mit Babyspinat, Brunnenkresse oder Bärlauch sowie mit etwas Kürbiskernöl verfeinert. Für seine eigens vom Metzger gefertigten Wildschwein-Käsekrainer, Gams- oder Hirschbratwürstl liefert er das passende Fleisch und serviert die Würstl mit hausgemachtem Apfel-Sauerkraut und aromatischem Orangensenf, den er mit Orangenzesten und Grand Marnier abschmeckt. Seit 2008 gehört der Tiroler Koch Thomas Sieberer zum Team. Er gastierte beim selben Steirer Gasthaus und lernte dort die Tochter des Hauses Julia Lerche kennen und lieben. Wer nun sehen oder besser schmecken will, wie zwei kreative Köpfe sich gegenseitig beflügeln und zu Höchstleistungen anstacheln, der sollte sich schnellstens um einen Tisch im Gasthof bemühen. Dank einer direkten Beziehung nach Italien findet der Feinschmecker stets auch edle Meeresspezialitäten auf der Karte. So die „Dorade mallorquin", bei der die beiden Spitzenköche das Filet auf der Haut braten, die Kehrseite dann mit Spinat, Strauchtomaten, Zwiebeln und Knoblauch sowie wieder mit einem Filet belegen, um es so im Ofen zu garen. Das Aroma der Füllung verbindet sich dabei ganz köstlich mit dem Geschmack des edlen Fisches. Ihr Loup de mer avancierte zum Klassiker: Dazu pochieren sie ihn in 80 bis 90 Grad heißem Olivenöl; die abgezogene Haut wird separat kross gebraten und in Form eines Segels mit dem Fisch und konfierten Tomaten serviert. Für ihr Steak-Croissant toasten sie das halbierte selbstgebackene Gebäck und belegen es mit Rucola, Zwiebeln und Kirschtomaten sowie einem medium gebratenen Steak; aufgetischt wird es mit einer Balsamico-Bratensauce und Parmesan. Ihr selbstgemachtes Eis rundet den Schlemmeraufenthalt im „Gasthof Alpenrose" in gelungener Weise ab. Das steirische Eisdessert „Klapotetz" ist stets die Versuchung wert; hier werden Vanilleeiskugeln in karamellisierten und gehackten Kürbiskernen gewälzt und mit etwas Kernöl beträufelt serviert. Gekonnt interpretieren die beiden traditionelle Speisen neu, so ihre „Kalte Schnauze – heiße Liebe", die eine feine Variante des „Kalten Hundes" ist. Dazu frieren sie Schokoladenkuchen – bedeckt mit einer Vanilleparfaitmasse – ein, schneiden

später Dreiecke heraus und kredenzen sie mit heißen Himbeeren und Sahne. Nicht nur bei der Namensfindung ist das Team von der „Alpenrose" erfinderisch, auch Traditionen werden zeitgemäß umgewandelt: So wurde aus dem typischen Fischessen am Aschermittwoch der „Tag der offenen Küchentüre". Hier präsentierte der Gasthof eine riesige Auswahl an Fisch und Meeresfrüchten, aus der der Gast sein Stück wählen und gleich bei der Zubereitung zuschauen konnte. Damit die erlesenen Köstlichkeiten von harmonierenden Weinen begleitet werden, dafür sorgen Mutter Maria und Tochter Julia Lerche mit regelmäßigen Besuchen in der Steiermark. Vor Ort erkunden sie die besten Tropfen, die sie auch glasweise zu den Speisen empfehlen. Im neu eingerichteten Weinkeller sind zudem Weinverkostungen geplant. Und so ist das Miteinander in der „Alpenrose" von Toleranz und gegenseitigem Respekt geprägt, schlägt die 87-jährige Oma Maria Wörndl nach wie vor ihren hauchdünnen Strudel- und legendären Dampfnudelteig mit der Hand, währenddessen auf dem Herd der Oktopus gart – wenn auch der Blick in den Topf ihr ab und an ein Kopfschütteln abverlangt.

Beim Laberger

Beim Laberger
Wolfgang und Anna Maurer

Laberg 1
83122 Samerberg

Telefon 0 80 32 / 82 94
Telefax 0 80 32 / 98 27 89
www.beimlaberger.de

Wer seinen wohlverdienten Urlaub fernab vom Rummel inmitten der Natur verbringen möchte, der sollte einmal beim „Laberger" vorbeischauen – die idyllische Lage des Hofes und die herzliche Gastfreundschaft von Wolfgang und Anna Maurer schaffen unvergessliche Momente.

Schon seit fünf Generationen gehört der prächtige, aus dem Jahr 1798 stammende Bergbauernhof der Familie Maurer; schön von sanften Hügeln umgeben, liegt er auf 713 Metern Höhe. Die Landwirtschaft betreiben die Maurers im Nebenerwerb; dennoch kann der Gast – sofern er möchte – am typischen Hofalltag teilhaben. Die drei Ferienwohnungen sind in gleicher Weise großzügig gehalten wie der Hof selbst. Wildromantisch von wucherndem, weiß blühendem Knöterich umrankt, empfängt das Zuhäusl seine Gäste. Von der holzverkleideten Veranda wie auch vom Inneren der Balkonwohnung fällt der Blick bis weit ins Tal – ganz so, als säße man in der Hütte auf dem Gipfel. Die Terrassenwohnung im Erdgeschoss ist nicht minder aussichtsreich und mit ihrem imposanten Deckengewölbe genauso gemütlich. Jahrhundertealte hölzerne Böden, Fenster und Türen schaffen auch in der Hofwohnung eine heimelige wie authentische Atmosphäre, die von bezaubernden handbemalten Truhen und Bauernschränken weiter untermalt wird. Gekonnt kombiniert Familie Maurer das historische Ambiente mit modernen geschmackvollen Bädern; in jedem Schlafzimmer findet sich zudem ein separates Waschbecken, sodass am Morgen kein Gedränge entsteht.

So ruhig der Bergbauernhof gelegen ist, so viel gibt es dennoch zu entdecken – gerade auch für Kinder: Im Stall stehen die „gastfreundlichen" Kühe Leta, Leila und Lilo mit ihren Kälbern, gleich daneben wartet die Ziege Reserl auf ihren täglichen Spaziergang sowie die kuscheligen Kaninchen auf emsige Streichler. Ein stattlicher Hahn und seine achtzehn Hennen runden das Hofleben beim „Laberger" ab. Fleißige Helfer sind durchaus erwünscht und können zudem einiges lernen: Wer beim Melken erfolgreich war, erhält das Melk-Diplom, und wer sich beim Füttern der Tiere bewährt hat, das Bauernhof-Diplom. Am Morgen wartet ein weiteres ungewohntes Spektakel auf wissenshungrige Stadtkinder: das Eier-Suchen im Hühnerstall. Frischer kann ein Frühstücksei nicht sein – gerade noch im Nest gelegen, kocht es Anna Maurer schon exakt nach Gästewunsch. Mit hausgemachten

Marmeladen, saftigem Schinken und herzhaftem Geräucherten lässt sich der Tag gut beginnen. So gestärkt macht sich schnell Tatendrang bemerkbar: Wer radelnd den Samerberg erkunden will, findet im nahegelegenen „Fahrtwind" sein Leih-Mountainbike; wer lieber hoch zu Ross unterwegs ist, kann im benachbarten Hof die Pferde für den Ausflug satteln. Dem Erholungssuchenden bleibt die Bergwiese mit herrlichem Blick ins Tal, den Kleinen Schaukel, Rutsche und Trampolin für den aktiven Spaß.

Und so findet jeder beim „Laberger" sein Vergnügen sowie Ruhe und Erholung; man taucht ein in den bäuerlichen Alltag und lernt die Reize des ursprünglichen naturnahen Lebens kennen – bei allem Komfort, versteht sich.

Fahrtwind

Fahrtwind
Peter Brodschelm

Wiesholz 1
83122 Samerberg

Telefon 0 80 32 / 89 89
Telefax 0 80 32 / 70 78 73
www.mtb-fahrtwind.de

Wer das Abenteuer liebt und die sportliche Herausforderung sucht, wer ferne Kulturen entdecken und dennoch komfortabel genießen will – der findet in Peter Brodschelm den idealen Partner für die etwas andere Art zu reisen.

Mit dem Radsport ist der gelernte Heilpraktiker von Kindheit an verwoben; bereits mit acht Jahren fuhr er erste Rennen. Nach einiger Zeit in der Bundesliga schaltete er einen Gang zurück – und sattelte vom spritzigen Rennrad auf das ruhigere Mountainbike um. Als Trainingseinheit genutzt, gefiel Peter Brodschelm das Fahren „mit allen Sinnen" immer besser: der Duft des Waldbodens, die Energie des Fahrtwinds, der Schweiß bei der Auf- und der Rausch bei der Abfahrt sowie die unbändige Freude, wenn sich die pure Schönheit der Natur offenbart. 1999 mündete sein Enthusiasmus in der Gründung des „Fahrtwind" – seiner Agentur für individuelle Sportreisen. Anfangs führten die Strecken vom heimischen Chiemgau ins benachbarte Ausland, mittlerweile touren seine 30 Guides durch die ganze Welt bis nach Neuseeland, Vietnam, Chile und Argentinien. Seine atemberaubenden Routen sind detailliert erkundet und geplant; neben Naturschönheiten lernt der Biker auch Land und Leute sowie kulturelle Besonderheiten kennen. Zudem verblüfft Peter Brodschelm seine Gäste stets mit außergewöhnlichen Hotels – meist in exponierter Lage, immer komfortabel. Gepäck und Reserveteile transportiert der Begleitbus bequem zu jeder Station.
Peter Brodschelms Reisen vermitteln tiefgreifende Erlebnisse, die manch Leben verändern; denn neben fremden Welten begegnet sich der Biker auch selbst – oftmals in gänzlich unbekannter Weise.

Rosenheim – Metropole mit Charme

Rosenheimer Innenstadt

Spitalkirche St. Josef

St. Nepomukbrunnen am Max-Josefs-Platz

Rosenheim erzielte seinen wirtschaftlichen Aufschwung auch dank seiner logistisch günstigen Lage: Schon um 1328 erhielt der Ort das Marktrecht; in dieser Zeit transportierten die Rosenheimer Schiffsmeister Waren wie Vieh, Getreide, Seide und Salz über den Inn und weiter auf dem Wasserweg über die Donau bis nach Wien und Budapest. Zudem machte der ideale Standort – zwischen München, Salzburg, Innsbruck und damit auf dem Weg nach Italien gelegen – den Ort bereits um 1600 zu einem bedeutenden Handelsplatz. Im 19. Jahrhundert war Rosenheim bereits die dritte bayerische Saline nach Reichenhall und Traunstein. Auch bei der Anbindung an die Eisenbahnlinie waren die Rosenheimer früh dabei. 1858 wurde der erste Bahnhof eingeweiht, der schnell zu klein wurde. Heute verläuft auf der ehemaligen Bahnstrecke die zentral durch Rosenheim führende Durchgangsstraße; der einstige Lokschuppen beherbergt seit 1988 die jährlich wechselnden Ausstellungen, die sich mit außergewöhnlichen, interessanten sowie spektakulären Präsentationen über die Region hinaus einen guten Namen gemacht haben. Der alte Bahnhof fungiert seit 1878 als Rosenheimer Rathaus – und dient zudem der weit über die Landesgrenzen Bayerns hinaus bekannten wie beliebten Chiemgauer Krimiserie, die Rosenheim-Cops, als Kulisse für deren Polizeipräsidium. Wer auf den Spuren dieser sympathischen Akteure wandeln und mehr über die Hintergründe des abendlichen Krimis um die Abenteuer des korpulenten Kommissars Korbinian Hofer und seinen Mitstreitern erfahren möchte, kann dies seit einiger Zeit auf den vom Touristenbüro organisierten Stadtführungen tun. Sie führen an die Originalschauplätze und bringen den interessierten Fans ganz nebenbei die Sehenswürdigkeiten von Rosenheim auf eine „kriminalistische" Art und Weise näher.

Von den einst elf in Rosenheim ansässigen Brauereien sind heute nur noch zwei „Platzhirsche" übrig. Das ehemalige Hofbräu-Areal entwickelte sich indes zu einer kultigen Ausgeh-Meile, die mit trendigen Bars, schicken Restaurants sowie dem

Mittertor mit Städtischem Museum

stimmungsvollen Veranstaltungsort Ballhaus allabendlich zum gut besuchten Treffpunkt für Jung und Junggebliebene wird. So modern und schick sich die reizende Altstadt mit ihren im Inn-Salzach-Stil gehaltenen, von Arkadengängen gesäumten und von schmucken Stuckfassaden gezierten Häusern inszeniert, so traditionell geht es hier zu, wenn die „fünfte Jahreszeit" anbricht – wenn es wieder Zeit wird für die „Wiesn", dem Rosenheimer Herbstfest. Es ist mit seinen jährlich über eine Million Besuchern das Fest in der Region schlechthin – und das größte Volksfest in Südostbayern dazu. Es findet auf der Loretowiese statt, die sonst innenstadtnah als Parkplatz dient. Schon im Mittelalter war sie Schauplatz für Volksbelustigungen, Jahrmärkte, aber auch für öffentliche Hinrichtungen. Die zwei ansässigen Rosenheimer Brauereinen brauen dazu jede eigens ein spezielles Märzenbier. Das Herbstfest beginnt am letzten Samstag im August mit dem traditionellen Anstich – und damit einige Wochen vor dem Münchner Oktoberfest, der legendären Münchner Wiesn. Und so gilt das Rosenheimer Herbstfest bei vielen Schaustellern als eine Art Vorpremiere, an der sie ihre neuen Attraktionen dem hiesigen Publikum vorstellen können, bevor sie sie im Münchner Spektakel der Weltöffentlichkeit präsentieren. In dieser Zeit stehen aber bei den Chiemgauern nicht nur die Karussells, Schießbuden und Bierzelte im Mittelpunkt ihres Interesses, sondern auch – deutlich vermehrt in den vergangenen Jahren – die traditionelle Trachtenbekleidung mit Dirndl und Lederhose. Ganz Rosenheim und Umgebung fiebert darauf hin, und schon frühzeitig beginnen die Madln und Buam sich darum zu kümmern, dass sie pünktlich zur Wiesnzeit ihr neues, schmuckes Trachtengwand besitzen – sei es nun klassisch traditionell oder trendig aktuell. Und so sind die

Bemalte Fassade von St. Nikolaus

Brunnen am Ludwigsplatz

Besucher der Rosenheimer „Wiesn" beinahe alle in Tracht gehüllt – wenn auch manch wagemutiger Chiemgauer Buam die Lederhose mit Flip-Flops kombiniert. Gerne heben die Chiemgauerinnen ihre Dirndl mit schillernden modischen Accessoires hervor – so mit den von schimmernden Pailletten besetzten Schürzen, einem besonders raffiniert geschnürten Mieder oder mit witzigen Details wie dem Brezn-Anhänger, der an einem edlen Samtband hängt. Wer hierzu kompetenten Rat oder eine entsprechende Portion Inspiration benötigt, ist in der Rosenheimer Boutique „Beo" und ihrem Team in besten Händen. Das absolut empfehlenswerte Haus ist bekannt für seine gelungenen – stilsicheren wie ausgefallenen – Kombinationen von aktueller Mode und traditioneller Tracht. Und so bummeln Ende August Jung und Alt im prächtigen Gwand nicht nur über die „Wiesn", sondern sind auch in Rosenheims Innenstadt sowie den Wirtshäusern, Restaurants und Bars anzutreffen. Denn wenn die Bierzelte des Herbstfestes gegen 23 Uhr schließen, herrscht in der Innmetropole noch lange keine Sperrstunde; vielmehr ziehen die Chiemgauer Buam und Madln in Lederhose und Dirndl auf die nächtliche Ausgeh-Piste von Rosenheim. Die wenigen Gehminuten von der Loretowiese zum Salzstadl oder dem Hofbräu-Areal in der Innenstadt sind schnell überwunden – auf dem Weg dahin findet sich so mancher Innenhof, der mit einer Prosecco-Bar oder einem Scampi-Grill aufwartet. Da sich das Rosenheimer Herbstfest im Spätsommer abspielt, ist es meist noch angenehm warm – was das Treiben nach der Wiesn zu einem großen Nachtschwärmerfest werden lässt. Und so erlebt der Besucher in der 16 Tage währenden fünften Jahreszeit jedes Jahr aufs Neue, dass Rosenheim eigentlich ganz traditionell ist – wenn auch in herrlicher Weise innovativ interpretiert.

D:Shoes

D:Shoes
Deborah de Luca

Weinstraße 7
83022 Rosenheim

Telefon 0 80 31 / 40 99 09
Telefax 0 80 31 / 40 99 08
www.dshoes.com

Wer sich modischen Kultobjekten wie Schuhen und Dessous widmet, der sollte stilsicher und auch ein wenig kokett sein – ganz so wie die schicken Mailänderinnen. Auch wenn Deborah de Luca gebürtige Rosenheimerin ist, so verfügt sie doch über jenes Quäntchen Lässigkeit, das den einzigartig aparten Stil der Italienerinnen auszeichnet.

Wie viele trendige Locations, liegt auch ihr „D:Shoes" etwas versteckt in der Altstadt von Rosenheim. Im jahrhundertealten Sudhaus der ehemaligen Stern-Brauerei fand sie die ideale Heimstatt für ihr ungewöhnliches wie bezauberndes Geschäft. Das „D:Shoes" überrascht mit einem Ambiente, das an ein gekonnt in Szene gesetztes Bühnenbild erinnert: Den altehrwürdigen Räumen und ihren imposanten Deckengewölben verleiht Deborah de Luca mit erfrischend plakativen Farben einen urbanen Charakter und setzt diese Kontraste mit einem eigenwillig wie faszinierenden Interieur fort. Auf das ursprünglich geplante Bett musste sie aus Platzgründen verzichten; dafür sorgen die silberne Couch, barocke Stühle und monumentale Spiegel für eine pompöse Atmosphäre. Schuhe und Accessoires liegen wie eben beiseite gelegt auf edlen Hockern und Anrichten. Ein Hauch Ironie blitzt hie und da durch, was durchaus gewollt ist und der ungezwungenen Lebensphilosophie der Inhaberin entspricht. Ihre exquisiten Teile stammen von namhaften wie auch von eher unbekannten Labels; allen gemein ist das außergewöhnliche Design, die hochwertige Qualität sowie ein äußerst angenehmer Tragekomfort. Seit 2009 reihen sich in das facettenreiche Sortiment auch eigene Schuh-Kreationen ein, die ein argentinischer

Schuhmacher aus Süditalien in reiner Handarbeit nach den Vorstellungen von Deborah de Luca herstellt. Zu diesen wie zu allen anderen Modellen kann die ehemalige Ballettschülerin mit leidenschaftlicher Begeisterung Geschichten erzählen – zur aufwendigen Verarbeitung wie zu liebenswerten Details. So zieren den samtigen Schal kleine Liebesbotschaften, besteht der spektakulär gefärbte Stiefel aus einem individuell bearbeiteten Leder und hängen die verführerischen Dessous auf ebenso reizvollen, eigens angefertigten seidenen Polsterbügeln. Der Spaß am Spiel mit vermeintlichen Stilbrüchen lässt Deborah de Luca ausgefallen kombinieren – so ihre Unterwäsche als hinreißende Tops zu Jacke und Bluse oder als betörende Begleitung zur Jeans. Dazu finden sich trendige Taschen, luftige Blusen, handbemalter Schmuck oder auch ein stimmiges Kochbuch. Das Angebot ist modisch aktuell bis flippig – dabei stets tragbar; auch wenn zur Schuhkollektion, die jedes Frauenherz höher schlagen lässt, traumhaft schöne, wie schwindelerregend hohe High Heels gehören. Deborah de Luca möchte mit ihren Modellen nicht nur Mode, sondern auch Lebensfreude vermitteln. Ein Gefühl, das in jedem von uns schlummert und über den extravaganten Schuh seinen Ausdruck findet; darüber hinaus die Trägerin inspiriert, in eine andere – feminine – Rolle zu schlüpfen. Für Deborah de Luca ist ein Schuh wie eine Skulptur, mit der man seinen Fuß schmückt, die man überstülpen und mit ihr die ganze Welt erobern kann – und sei es nur für die Dauer des Tragens.

Raphael

Raphael
Marina Triltsch & Antonie Schulz

Ludwigsplatz 16
83022 Rosenheim

Telefon 0 80 31 / 3 73 68
Telefax 0 80 31 / 3 73 44
www.raphael-shop.de

Trendbewusste Frauen, die stets das modisch Neue suchen, schätzen in Rosenheim seit Jahren eine Top-Adresse: das „Raphael". Marina Triltsch und Antonie Schulz sorgen mit ihren modisch aktuellen Kollektionen dafür, dass internationale Fashion-News auch im Chiemgau zu erstehen sind. Den neuen Look interpretieren sie dabei mit eigener Handschrift und kreieren so ihren unverwechselbaren „Raphael"-Stil.

Die beiden modebegeisterten Rosenheimerinnen informieren sich auf ihren vielen Reisen in den Metropolen der Welt über aktuelle Trends und neueste Modethemen. Stilsicher und mit viel Geschmack stellen sie aus der Fülle der Kollektionen ihr Sortiment mit Blick auf ihre Kundinnen zusammen. Gegründet wurde das „Raphael" bereits 1976, damals noch mit Sitz in der Gillitzerstraße. 2006 zogen Marina Triltsch und Antonie Schulz in die neuen großzügigen Räume ins „Raphael-Haus" an den Ludwigsplatz, direkt am Grünen Markt gelegen. Schon von außen fällt die zeitgemäße Architektur mit ihrer in sattem Rot gehaltenen Fassade ins Auge. Im Inneren begeistert das stimmige puristische Ambiente mit seinen klaren Formen und Linien: Dunkler Parkettboden harmoniert mit einer ausgefallenen Sichtbetondecke, schlichte weiße Regalsysteme wechseln sich mit sandgestrahltem Glas an Theke und Tischen ab. Vor den vier geräumigen Umkleidekabinen lässt ein flauschiger Teppich, ein großer Fellwürfel sowie warmes Licht eine wohnliche und gemütliche Atmosphäre entstehen. Ob ausgefallen oder flippig, elegant-luxuriös oder sportlich, der „Raphael"-Stil ist stets individuell und bietet Mode für einen breiten Kundenkreis, unabhängig vom Alter. In einem umfangreichen Markenparadies findet die Trendsetterin bei „Raphael" hochwertige internationale Fashionlabels bis hin zu Premium Denims sowie die aktuellen „Must-haves" aus Los Angeles. Eine Vielzahl an Accessoires wie Taschen, Gürtel, modischer Schmuck und ausgewählten Schuhen rundet das exklusive Sortiment ab. Der Stil im „Raphael" ist leicht und unbeschwert, auch im Umgang miteinander. So treffen sich am Wochenende

Freunde und Bekannte des Hauses wie Kunden und deren Begleitung an der kleinen Bar inmitten des Geschäfts zu einem Espresso, Cappuccino oder auch einem Glas Champagner. Man tauscht sich aus und erfährt, was es Neues in Sachen Mode gibt. Bei aller Ungezwungenheit legt das Team vom „Raphael" aber stets großen Wert auf eine typgerechte Beratung, die die jeweiligen Vorzüge der Kunden akzentuiert. Sich modisch zu kleiden, heißt für Marina Triltsch und Antonie Schulz auch, sich wohlzufühlen – vor allem aber, den eigenen Stil zu pflegen und sich selbst treu zu bleiben.

Andrea Körber – Interieur · Design · Mode

Andrea Körber
Interieur · Design · Mode

Ludwigsplatz 19
83022 Rosenheim

Telefon 0 80 31 / 35 37 77
Telefax 0 80 31 / 58 98 12
www.andrea-koerber.de

Wer stets das Besondere sucht und shoppen eher als Erlebnis versteht, sollte einmal bei Andrea Körber vorbeischauen. In ihrem außergewöhnlichen Geschäft findet der Gast nicht nur ungemein bezaubernde, selbst entworfene Möbel, sondern darüber hinaus einzigartige Accessoires, kostbare Kristalllüster sowie exklusive Mode.

Seit 2002 befindet sich das rund 400 Quadratmeter große Geschäft, das sich über mehrere Räume verteilt, am Ludwigsplatz. Das Sortiment umfasste zunächst selbst entworfenes Mobiliar aus der eigenen Werkstatt; mit der Zeit kamen Stoffe und Accessoires hinzu, mittlerweile vereint es alles, was das Leben schöner macht: von Leuchten und Kerzenständern über Kissen und Tafelservice bis hin zu ausgefallenen Accessoires – dabei ist jedes Teil ein kleines Kunstwerk, ein Unikat oder von kleinen Manufakturen von Hand hergestellt. Seit 2004 bietet Andrea Körber zudem exquisite Mode. Der Blick in die fantastische Auswahl offenbart ihre Liebe zu Frankreich: Das Interieur ist an den barocken Stil des Louis-quartorze und späteren Louis-seize angelehnt. Die Formen und Oberflächen der vermeintlich antiken Möbel erscheinen dabei verblüffend echt und sind doch aktuell gefertigt; durch ihren äußerst gelungenen wie ungewöhnlichen Stilmix verleiht Andrea Körber ihrem Mobiliar eine zeitgemäße Interpretation. So präsentiert sie es in frischen oder gewagten Farbtönen und bezieht es mit Fellen oder exklusiven Bezugsstoffen wie prächtigem Damast oder edler Seide. Sensationell ist ihr ungemein umfangreiches wie exklusives Angebot an

französischen Kristalllüstern, die in vielen Variationen erhältlich sind. Auch bei der Mode bleibt sie ihrem Faible treu: Die exklusiven Modelle stammen von renommierten Pariser Modehäusern wie Chloé und Lanvin. Sie bestechen nicht nur durch ihre exzellenten Materialien und weichen, femininen Schnitte, sondern darüber hinaus in ihrer betont zurückhaltenden Eleganz. Eine erlesene Auswahl hochwertiger Schuhe sowie ausgesuchter Schmuck runden das umfassende Sortiment von Andrea Körber ab. Die Kunden schlendern so durch die wohnlichen wie inspirierenden Räume, probieren im diskreten Boudoir Nachtwäsche oder Dessous, im hinteren Modebereich die extravaganten Kleider und Schuhe und finden dabei stets noch das außergewöhnliche Accessoire, das jeden Wohnraum zu etwas Besonderem macht.
Ganz gleich, welchen Stil der Kunde bevorzugt, er wird stets das Passende finden. Viele kommen immer wieder, ganz wie unter Freunden; bei unterhaltsamen Gesprächen lässt es sich überaus angenehm in lockerer, familiärer Atmosphäre auswählen. Für die individuelle Einrichtungsberatung besucht das Team von Andrea Körber Interessierte auch vor Ort. Diese sehr persönliche Betreuung schätzen die Kunden sehr. Das zuvorkommende Team von Andrea Körber geht dabei intensiv auf die Wünsche und Bedürfnisse des Einzelnen ein, betont mit seinen Empfehlungen vor allem dessen Persönlichkeit – und stellt somit sicher, dass die Kunden bei Andrea Körber nicht nur authentisch und typgerecht eingekleidet, sondern darüber hinaus auch harmonisch eingerichtet sind.

Gigolo

Gigolo
Walter Flaschl

Ludwigsplatz 29
83022 Rosenheim

Telefon 0 80 31 / 1 43 68
Telefax 0 80 31 / 38 13 38
www.gigolo-fashion.de

Wer anspruchsvolle Labels liebt, muss nicht unbedingt nach München oder gar nach Mailand reisen, um exklusiv zu shoppen. Auch in Rosenheim kann der Modefan schwelgen – denn Walter Flaschl führt in seinem „Gigolo" exquisite wie avantgardistisch inspirierte Damen- und Herrenmode von international angesagten Top-Designern.

Für Mode hat der ehemalige Justizbeamte seit jeher ein besonderes Faible. Was nicht verwundert, denn beide Elternteile waren professionelle Schneider, die unter anderem für renommierte Münchner Trachtenhersteller arbeiteten. Von klein an sah er zu, wie Mode entsteht; wie aus edlen Materialien – von Hand und nach Maß gefertigt – geschmackvolle Jacken und Mäntel werden. 1978 erhob der junge Aschauer seine Liebhaberei zum Lebensinhalt – und gründete einen sportiven Jeans-Markt. Anfang der 1980er-Jahre löste Richard Gere mit dem amerikanischen Thriller „American Gigolo" eine Initialzündung bei Walter Flaschl aus, die ihn erkennen ließ, dass diese Art sich zu kleiden – lässig, elegant und äußerst verführerisch – seinem modischen Credo entsprach. Mit „dem Mut und der Unbekümmertheit der Jugend" eröffnete er sein „Gigolo" in der Gillitzerstraße; 1998 zog er damit an den zentral gelegenen Ludwigsplatz und stattete es – entsprechend der hochwertigen Ware – exklusiv aus: Großzügig präsentiert sich das Haus mit charmanten Mosaikböden und antik anmutenden Steinwänden im leichten italienischen Stil. Der heiteren mediterranen Lebensart fügt Walter Flaschl mit schwerem rotem Samt auf Sesseln und Stühlen sowie als Vorhangstoff eine barocke, beinahe sakrale Üppigkeit hinzu, die er mit prächtigen meterhohen Spiegeln, pompösen Tischen und einer riesigen plüschigen Couch weiter untermauert. Mit kühlen Elementen wie Stahl und Glas konfrontiert er diesen Prunk mit einem Hauch puristischer Moderne und holt den Betrachter ins Hier und Jetzt zurück. Vermeintliche Gegensätze prägen auch das erstklassige Sortiment von Designern wie Dsquared, Dolce & Gabbana, Galliano, Gaultier und Co., das von hochwertigen Schuhen, aktuellem Schmuck und edlen

Taschen ergänzt wird. Darunter finden sich Klassiker wie auch avantgardistisch interpretierte Modelle, die Walter Flaschl und sein erfahrenes Team gern kombinieren und damit gekonnt reizvolle Akzente setzen. Und so findet der Kunde im „Gigolo" Modelle, die ihn zu allen Anlässen gut kleiden, in denen er sich wohlfühlen und sich wiedererkennen kann.
Der spezielle „Gigolo-Mix" ist anschaulich an Walter Flaschl selbst zu bewundern, der seine Mode nicht nur trägt, sondern sie lebt. Für den authentischen wie extravaganten Oberbayern entsteht modische Dynamik vor allem durch körpernahe Schnitte und perfekte Passform. Wenn sich die in völliger optischer Harmonie mit der Silhouette des Trägers vereint, verleiht sie ihm Charisma und Ausstrahlung – lässt sie ihn schlichtweg gut aussehen. Und wie Walter Flaschl weiß: „Schönes zu betrachten, tut der Seele gut."

Louys Balancing Beauty

Louys Balancing Beauty
Ferdinand und Renate Louys

Innstraße 23 + Salzstadel 15
83022 Rosenheim

Telefon 0 80 31 / 3 70 45 + 44
Telefax 0 80 31 / 6 99 83
www.balancing-beauty.de

Wer träumt nicht auch davon, perfekt gestylt als Model zu agieren? Für Chiemgauer lässt sich dieser Wunsch ganz leicht realisieren – seit Jahren bieten Ferdinand und Renate Louys eine allumfassende Schönheitspflege und darüber hinaus jede Menge kultige Events.

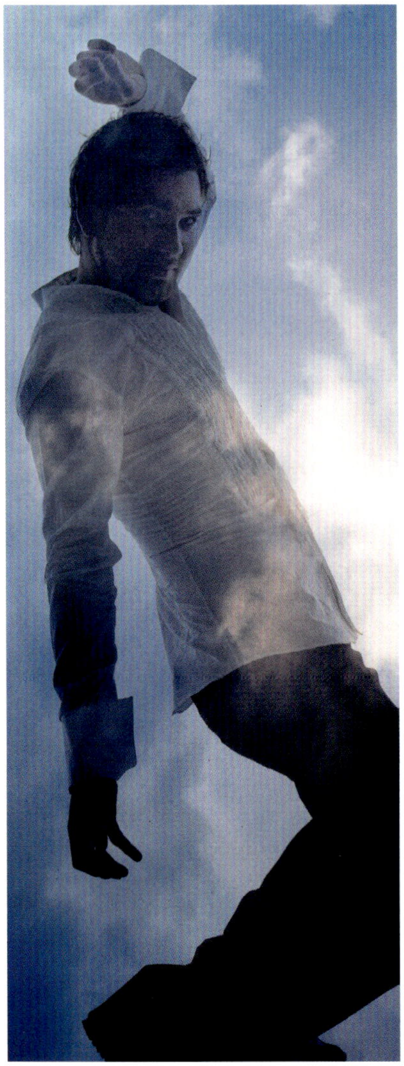

Die beiden sind ein eingespieltes und erfahrenes Team, nicht nur, wenn es um Frisur und Farbe geht: „Louys Balancing Beauty" steht für ein außergewöhnliches Verwöhnprogramm, das für innere Balance und ein strahlendes Äußeres sorgt. Die Friseurmeisterin Renate Louys eröffnete 1974 ihren ersten Salon; 1983 einen weiteren im denkmalgeschützten, aus dem 15. Jahrhundert stammenden Haus am Salzstadel, der mit edlen Marmorböden, funkelnden Kristalllüstern und venezianischen Spiegeln italienisch inspiriert ist. Ferdinand Louys, studierter Wirtschaftsingenieur sowie passionierter Rockgitarrist und -sänger, fungiert seither als Geschäftsführer. Seine Leidenschaft zur Musik verband er in idealer Weise mit dem handwerklichen Können seiner Frau – und katapultierte das Haus vom reinen Friseurgeschäft zur trendigen Event-Location in Sachen Schönheit. Um aktuelle Modetrends, die sie in den Metropolen der Welt kennenlernten, sensationell zu präsentieren, inszenierten sie zweimal pro Jahr Frisuren-Shows – dargeboten im Rosenheimer Kulturzentrum mit spektakulären Lichteffekten, fetziger Musik und einer eigens einstudierten Choreographie. Die Idee, aktuelle Frisurentrends aufsehenerregend zu vermitteln, brachte ihrem Geschäft Schlagzeilen sowie Bekanntheit ein. 1984 starteten die beiden ihr „Trendline" – eine Vorher-nachher-Aktion, die Kunden an Samstagen eine kostenlose Typberatung bot und dann mit akzentuierten Schnitten und der stimmigen Farbe

deren Aussehen optimierte. Seit 2001 findet nun im neuen Stammhaus in der Innstraße ein- bis zweimal jährlich ein Casting statt, mit dem Ferdinand Louys und sein Team Frisurenmodels suchen. Das „Shooting by Louys" erlangte Kultstatus, denn die besten Aufnahmen werden auf meterhohe Fahnen übertragen, die wochenlang die riesigen Fensterfronten zur betriebsamen Innstraße hin zieren. Besonders faszinierend wirken die dekorativen, teils mit wilden und bunten Effekten aufgepeppten Poster, wenn sie nachts beleuchtet sind – ein attraktiver Blickpunkt für vorüberziehende Passanten. Wer weniger den modischen Spaß, dafür eher wohlige Entspannung sucht, der findet im großzügigen Gesundheits- und Wellness-Bereich bei Massage, Sauna oder Kosmetik seine Erfüllung. Nach einem allumfassenden Schönheitsprogramm oder einer einzeln gebuchten Anwendung verlässt der Besucher „Louys" nicht nur erfrischt und verschönt, sondern auch bestens frisiert. Zum kreativen, 20 Fachkräfte starken Team des „Louys Balancing Beauty" zählen mittlerweile auch Tochter Marion und Sohn Phillip, beide ebenfalls Meister ihrer Profession. Die einfallsreiche Interpretation ihres Handwerks ist somit gesichert und schon um ein weiteres Highlight reicher: Seit 2006 herrscht bei „Louys" in heißen Sommernächten „Night Shift", das heißt, es wird bis tief in die Nacht gearbeitet – bei Caipirinha und Punsch, bei rhythmischer Musik und bester Partylaune.

Parkett Leuthe

Parkett Leuthe
Werner Leuthe

Grubholzer Straße 16+18
83026 Rosenheim

Telefon 0 80 31 / 90 05 84-0
Telefax 0 80 31 / 90 05 84-33
www.parkett-leuthe.de

Wenn sich langjährige Erfahrung mit bestem handwerklichen Know-how, ausgeprägter Innovationsfreude sowie lösungsorientiertem Engagement vereint, dann sind Sie bei einem wahren Könner seines Fachs angelangt – oder bei Werner Leuthe.

Seit 1983 verarbeiten der Parkettlegemeister und sein knapp 20 Personen starkes Facharbeiter-Team Parkett- und Bodenbeläge aller Art. Neben seinem guten Gespür für Trends ist er auch bekannt für ungewöhnliche wie extravagante Parkett-Lösungen. So verlegt er seine Holzböden labyrinthartig, versieht sie mit Marmor- und Glaselementen oder mit Ornamenten aus Edelstahl. Rund 100 Holzarten hat Werner Leuthe im Programm – neben gängigen auch ausgefallene wie Apfelbaum, Zwetschge oder Zypresse; je nach Verarbeitung stehen dem Kunden bis zu 500 Variationen im Rosenheimer Schauraum zur Auswahl – gebeizt, gekalkt, gedämpft oder thermobehandelt. Faszinierend die strukturierten Hölzer, deren dreidimensionale Muster das „Leuthe"-Team in Handarbeit in das Holz „schroppt"; die formschönen Wellenlinien oder Waben sind nicht nur eine Wohltat fürs Auge, sondern auch Wellness für die Füße. Für Terrassen und Balkone oder den Pool empfiehlt Werner Leuthe echte und witterungsbeständige Holzdielen aus Teak oder Bangkirai, deren Zwischenräume er mit schwarzem Kautschuk ausfüllt. Was nicht nur ungemein elegant wirkt, sondern darüber hinaus dafür sorgt, dass sich der lästige Schmutz und Dreck, der sich gern in den Fugen absetzt, keinen Platz mehr findet. Ebenso setzt er echtes Holz in Fliesen- oder Mosaik-Optik bei Böden und Wänden von Bädern ein, was für ein besonders angenehmes Raumklima sorgt. Bereits in den 1990er-Jahren begann der innovative Parkettlegemeister damit, mit Vorliebe Naturböden

aus unbehandelten Hölzern zu verlegen; seit 2004 bereichert sein umfangreiches Angebot eine neue Attraktion: Er stellt Parkettböden aus jahrhundertealtem Eichenholz her, das normalerweise zu Brennholz verarbeitet werden würde; was nicht nur eine wunderbare Idee der Wiederverwertung, sondern eine nachhaltige wie ökologisch sinnvolle Art der Wiederveredelung darstellt, die dem alten Material zudem zu neuem Glanz verhilft. Die rauen Außenseiten des bis zu 300 Jahre alten Holzes sorgen als effektvolle Verkleidung von Wänden, Theken oder anderem Mobiliar für eine unvergleichlich charmante Atmosphäre.

Um das von den Spuren der Zeit geprägte Holz als hochwertige Parkettdielen nutzbar zu machen, müssen zunächst in einem aufwendigen Verfahren Schrauben und Nägel entfernt werden. Mit ihren unnachahmlichen Schattierungen und Ästen bringen diese Böden den Charme vergangener Zeiten in heutige Wohnzimmer. Um ihre stimmungsvolle Ausstrahlung in spektakulärer Weise weiter zu verstärken, füllt Werner Leuthe die Risse und Kerben des Holzes mit schwarzem, goldenem oder silbernem Kitt – und verleiht so Böden wie Räumen einen einzigartigen Charakter und ein unvergleichliches Charisma.

Der Rosenheimer Max-Josefs-Platz entzückt in seinem typischen Inn-Salzach-Stil

DINOSAURIER
Gasthof
Stockhammer
APOLLO

RoSana

RoSana OHG

Kunstmühlstraße 25
83026 Rosenheim

Telefon 0 80 31 / 9 01 09-0
Telefax 0 80 31 / 9 01 09-19
www.rosana.de

Wer der Hektik des Alltags für einige Zeit entfliehen möchte, findet im Gesundheitszentrum „RoSana" ein beschauliches Juwel. Idyllisch auf einer kleinen Insel an der Mangfall gelegen, schufen Heidi und Sören Gutschmidt einen meditativen Ort, der in einzigartiger Weise die Lehren des indischen Ayurveda in ein Gesamtkonzept aus Schulmedizin und Naturheilkunde einbettet.

Der Platz könnte nicht geeigneter sein: Schon bei der Fahrt über die schmale Brücke zum schlichten Backsteinhaus meint man, etwas an Ballast zu verlieren. Beim Betreten der lichtdurchfluteten Räume heißt ein betörender Duft exotischer Kräuter den Gast willkommen und umhüllt ihn sogleich in ein wohliges Gefühl, das ihn für die Zeit des Aufenthalts nicht mehr verlassen wird. Von großen Fenstern fällt der Blick ins Grüne; hochwertige, vor allem natürliche Materialien prägen die stilvolle wie gemütliche Atmosphäre. Das integrative Gesundheitskonzept von „RoSana" setzen sieben Mediziner und Naturheilkundige aus den Bereichen Innere Medizin, Homöopathie, Osteopathie und Akupunktur gemeinsam mit zwei indischen Ayurveda-Ärzten um, ergänzt um gut ausgebildete Therapeuten, die in ayurvedischen Anwendungen – vom Schönheitsprogramm über Ganzkörpermassagen und Stirnölgüssen bis hin zur entschlackenden Panchakarma-Kur – langjährig erfahren sind. Der Gast kann einzelne Behandlungen, ein Tagesprogramm oder länger währende Kuren buchen. Zur Übernachtung stehen ihm dabei acht geschmackvoll wie gehoben ausgestattete Zimmer im bezaubernden Gästehaus inmitten des Parks zur Verfügung. Moderne Kunst und elegante Lampen vereinen sich hier mit indischen Accessoires zu einem einzigartigen Ambiente, das nicht zu sehr ablenkt und dennoch „Neues" entdecken lässt – auch „stille" Momente: Das Gezwitscher der Vögel, das majestätische Vorbeiziehen der Schwäne, das leise Plätschern des Flusses sowie das andächtige Rauschen der jahrhundertealten Bäume festigen die wiedererlangte innere Harmonie. Zum ganzheitlichen Konzept des „RoSana" gehört auch eine nach Ayurveda ausgerichtete Ernährung. Die Kostbar – der anmutig über das Salin-Bacherl gesetzte Glasanbau mit Terrasse – verwöhnt den Kurgast wie alle Interessierten mit außergewöhnlich köstlichen

vegetarischen Spezialitäten, die täglich frisch zubereitet werden. Ein umfangreiches, öffentlich zugängliches Veranstaltungsprogramm rundet im stimmungsvollen Quellensaal mit Vorträgen und Kursen rund um ein gesundes Leben das ganzheitliche Gesundheitsangebot ab.
Die heilsame Wirkung des Ayurveda überzeugte Heidi Gutschmidt während einer Indienreise, auf der sie sich der Reinigungskur Panchakarma unterzog. Hier lernte sie ihren heutigen Mann kennen und lieben. Schnell verschmolzen die Ideen des Heilpraktikers und Osteopathen mit denen der psychotherapeutisch ausgebildeten, ernährungsbewussten Juristin zu einer gemeinsamen Vision: Einen Platz zu schaffen, der die Schulmedizin mit der Naturheilkunde und einer gesunden Ernährung vereint – an dem der Gast genesen, zu seiner Mitte kommen und zu sich selbst finden kann. Das „RoSana" ist eine Heimstatt für all jene, die nach ganzheitlicher Gesundheit für Körper, Geist und Seele streben – und dabei mit allen Sinnen genießen wollen.

Tzadé – der Naturfriseur

Tzadé
Naturfriseur Gudrun Ruediger

Ellmaierstraße 6
83022 Rosenheim

Telefon 0 80 31 / 9 00 99 80
www.tzade.de

Die Haare verraten, in welcher seelischen Verfassung der Mensch sich befindet, denn sie symbolisieren seine Gedanken. Gudrun Ruediger hat ein tiefes Verständnis für diese Zusammenhänge. Ihre Intention ist es, dem Kunden nicht nur zu einer natürlichen, typgerechten Frisur zu verhelfen, sondern seine Energien auszubalancieren und ihn so auf seinem Weg zu unterstützen.

Für den ersten Naturfriseur-Termin muss der Kunde rund drei Stunden Zeit mitbringen: Ausführlich und in aller Ruhe verschafft sich Gudrun Ruediger einen allumfassenden Eindruck über die Beschaffenheit von Kopfhaut und Haaren, über Medikamenteneinnahme und Operationen. Dann berät sie ihn über den optimalen Schnitt, der zum Typ sowie zur individuellen Gesichtsform passt und der die Haare wieder zum Schwingen bringt. Die eigentliche Behandlung beginnt mit einem intensiven Bürsten der Haare kopfüber. Dabei fühlt, beobachtet und nimmt sie weiter wahr. Schon jetzt stellt sich Entspannung ein, beginnt man loszulassen. Das anschließende Haarewaschen findet im Liegen statt. Bis alle Ablagerungen von Medikamenten und Schwermetallen herausgelöst sind, wäscht Gudrun Ruediger die Haare bis zu sechsmal mit wechselnden reinen Naturprodukten. Dabei bearbeitet sie die Meridiane, Druckpunkte und Reflexzonen mit einer eigens entwickelten Technik, in die Elemente

aus der Shiatsu-Massage sowie aus chinesischen und ayurvedischen Methoden einfließen. Sie wirkt harmonisierend und ausbalancierend und führt zu einer angenehm tiefen Entspannung. Bewusst wechselt Gudrun Ruediger zum Schneiden den Ort, denn die „ausgeschwemmten" Gedanken sollen zurückbleiben und Raum schaffen für neue Ideen und Ansätze. In dem stimmungsvollen, lichtdurchfluteten Schneideraum verblüfft zunächst, dass kein Spiegel vor dem Sitzplatz hängt – der Kunde schaut auf eine mit Kreisen bemalte Wand. Gemütlich sitzt er in einem königlich anmutenden Sessel, umhüllt von bezaubernden Grünpflanzen. Es herrscht Stille, nur das Plätschern des Zimmerbrunnens ist zu hören; Gudrun Ruediger schneidet in ihrer eigens entwickelten Technik, ohne zu sprechen, denn in dieser Phase der Behandlung steht das Spüren im Vordergrund, das Versinken in der eigenen Welt und das Ankommen bei sich – letztlich um die Aufgabe der Kontrolle. Erst zum Schluss offenbart der meterhohe Spiegel die neue Frisur; doch da ist der Kunde bereits mit sich derart im Reinen, fühlt er sich so wohl und geborgen, dass ein prüfender Blick sich erübrigt. Friseurmeisterin wurde Gudrun Ruediger eigentlich nur, weil sie Maskenbildnerin werden wollte. Nach ersten Jahren der Selbstständigkeit brachten sie Hautprobleme und Allergien – bei Kunden wie bei

Kollegen – zum Umdenken. Sie setzte sich mit Natur- und Pflanzenprodukten sowie alternativen Schneidetechniken analog des Mondkalenders auseinander, die sie nun ausschließlich einsetzt. Mit ihrem Engagement will sie auch andere zu diesem Schritt bewegen, sie weg vom Einsatz der chemischen Farbe hin zur eigenen Natürlichkeit führen. Denn die Frisur soll den Kern des Menschen widerspiegeln, versinnbildlichen, was er in seinem tiefsten Inneren spürt – und ihm täglich aufzeigen, wer er wirklich ist.

Boutique Beo

Boutique Beo
Marianne und Maria Stadler

Am Esbaum 8
83022 Rosenheim

Telefon 0 80 31 / 1 59 59
Telefax 0 80 31 / 38 05 95
www.beo-rosenheim.de

So gern die Chiemgauerin ihr Dirndl trägt, so aufgeschlossen ist sie auch gegenüber der aktuellen Mode. Dass sich beide Stile in bester Weise vereinen lassen, zeigen Marianne und Maria Stadler seit vielen Jahren – ihr „Beo" avancierte zum Inbegriff für eine modern inspirierte Trachtenmode.

Bereits 1988 begann Marianne Stadler damit, traditionelle Trachtenbekleidung mit modischen Elementen zu kombinieren, etwa das typische Mieder mit Rüschenbluse zur trendigen Jeans, aber auch die zeitgemäß akzentuierte Jacke zum feschen Dirndl. Was ihr gefiel und gut stand, fand auch bei ihren Kundinnen Anklang. Mittlerweile ist „Beo" bekannt für eine individuelle wie hochwertige Mode, die stets das Besondere bietet. Seit 2004 steht Tochter Maria Stadler ihrer Mutter zur Seite. Ihre Modelle beziehen die Stadlers vornehmlich von detailliert arbeitenden Herstellern, die neben bester Handwerkskunst für hohe Qualität und perfekte Passform stehen – vom österreichischen Trachtenklassiker über die außergewöhnliche norwegische Trachtenmanufaktur bis hin zu pfiffigen italienischen Designern. Dazu finden sich passende Accessoires wie ausgefallene Taschen, trendige Gürtel und modischer Schmuck. Beim Ordern achten die Stadlers stets darauf, dass alle Teile miteinander kombinierbar sind. Denn der

„Beo-Style“ steht nicht nur für einen gelungenen Mix aus Tradition und Moderne, sondern auch für ein gekonntes Kombinieren von Farben, Formen und Schnitten. Die Ideen von Marianne und Maria Stadler fließen in viele ihrer Kollektionen mit ein; so werden die typisch rustikalen Strickjacken eigens für „Beo“ in kürzeren Längen sowie in speziellen Farbtönen gestrickt. Was ihre Mode – trotz traditioneller Machart – jung und frisch, peppig wie individuell und darüber hinaus zu allen Anlässen auch außerhalb Bayerns tragbar macht – denn schöne Dinge sind überall schön.

Mit ihrem großzügig gehaltenen Geschäft schaffen die beiden sympathischen Chiemgauerinnen ebenso treffsicher eine gelungene Mischung aus Gemütlichkeit und Eleganz: Liebevoll mit stimmigen Antiquitäten, Hirschgeweihen und antiken Accessoires ausgestattet, bietet es ausreichend Platz, um im neuen „Gwand“ zu flanieren und sich davon zu überzeugen, wie perfekt es sitzt und wie schwungvoll der Faltenwurf fällt. Um den individuellen Typ der Kundin hervorzuheben und so das neue Teil zum Lieblingsstück zu machen, berät das Team von „Beo“ sehr persönlich. Immer wieder staffiert es ganze Gesellschaften aus, sei es zur Hochzeit, zum Jubiläum oder zum Jahrestag. So – stimmig gekleidet – verschmilzt das Ereignis zum harmonischen Gesamtbild, gleich einer gelungenen Inszenierung; dass Marianne Stadler einst Bühnenbildnerin werden wollte, spielt dabei mit Sicherheit eine gewisse Rolle. In jedem Fall besitzen die beiden charismatischen Inhaberinnen ein ausgesprochenes Gespür für Stil und Farbe, das jede Trägerin für den großen wie kleinen Auftritt ins rechte Licht rückt. Eine Gelegenheit dazu schaffen die kreativen Stadlers gleich selbst – ihr jährlich stattfindender Trachtenball ist eine allseits beliebte Attraktion in Rosenheim und Umgebung.

Strehles Biokantine

Strehles Biokantine
Torsten Strehle

Samerstraße 12
83022 Rosenheim

Telefon 0 80 31 / 8 09 38 99
Telefax 0 80 31 / 8 09 37 84
www.strehles.com

Die Hektik des Tages lässt oft nur wenig Raum für geruhsames Speisen in der Pause – schnell und umkompliziert muss es gehen. Seit Juli 2007 lässt sich dies nun auch in gesunder Weise umsetzen. Torsten und Jana Strehle bieten in ihrer Biokantine täglich wechselnd Feines aus biologischem Anbau – und darüber hinaus einiges mehr.

Die beiden kamen eher zufällig zur Gastronomie. Als Eltern dreier Kinder stellten sie nicht nur die eigene Lebensweise um, sondern begannen, sich für eine gesunde und nachhaltige Ernährung zu engagieren. Mit ihrer Biokantine wollten sie ein Zeichen setzen, zeigen, dass man gesundes Essen auch rasch und unkompliziert genießen kann. Die stimmungsvollen Räumlichkeiten des ehemaligen Trödelgeschäftes, denen ein Hauch Industriecharakter innewohnt, waren wie geschaffen dafür: Große Fensterfronten und Lichtschächte sorgen für eine helle und luftige Atmosphäre. Das Interieur hielten die Strehles bewusst reduziert; nichts soll von den hochwertigen Speisen ablenken, die in der zentral gelegenen Theke schlicht und praktikabel dargeboten werden. Der Gast stellt sich sein Menü individuell zusammen, an der Kasse wird nach Gewicht bezahlt. Torsten Strehle bereitet seine abwechslungsreichen, aus kontrolliert biologischem Anbau

stammenden kulinarischen Kreationen täglich frisch zu, auch laktose- oder glutenfrei. Dem hungrigen Gast bietet sich so den Tag über eine Fülle an gesunden Köstlichkeiten – vom Frühstück mit Müsli, Marmeladen oder den mit Datteln oder schwarzem Sesam angereicherten Frischkäsepasteten über hausgemachte Kuchen wie dem französischen Schokoladenkuchen, der Apfel-Schmant- oder der Orangen-Mascarpone-Tarte bis hin zum veganen oder vegetarischen Hauptgericht wie dem Kartoffel-Erbsen-Curry, der Pinto-Bohnen-Moussaka oder den schwäbischen Käsespätzle. Frisch gepresste Säfte und Kaffee aus eigener Röstung runden das vielseitige Sortiment ab. Die leckeren Salate, feinen Aufstriche oder hausgemachten Desserts werden zudem in liebenswerten wie nachhaltigen Weckgläsern angeboten, die auch zur Mitnahme bereitstehen; ebenso eine erlesene Auswahl an Bio-Feinkost – neben Ölen, Weinen, Kakao oder Tees französisches handgearbeitetes Meersalz, wahlweise mit Shiitake-Pilzen oder afrikanisch mit Ingwer, Piment und Chili sowie provenzalisch mit Basilikum und rosa Pfefferbeeren verfeinert. Wer noch ein Präsent benötigt, findet inmitten des unkonventionellen Cafés ein geschmackvolles Angebot an Wohn-Accessoires sowie modischen Schmuck. Für die Kleinen steht zudem ein mit vielen Spielsachen bestückter hübscher Nebenraum zur Verfügung, sodass Müttern und Vätern genügend Zeit zum Wählen, Stöbern und Schlemmen verbleibt.

Torsten und Jana Strehle möchten mit ihrem Café den Gästen eine gesunde und natürliche Kost „schmackhaft" machen – in doppelsinniger Weise. Mit ihrem Engagement schufen sie einen Platz zum Innehalten, zum sich Bewusstwerden und Genießen – und bewirken so, dass sich eine nachhaltige Lebensart fest in der Alltagskultur verankern kann.

Die Rosenkönigin – Christine Haldek

Die Rosenkönigin
Christine Haldek

Gillitzerstraße 10
83022 Rosenheim

Telefon 0 80 31 / 9 00 84 24

Träume sind nicht immer Schall und Rauch – zumindest nicht für Christine Haldek, die ihre verwirklichte: Sie schuf inmitten der Stadt einen Platz zum „Sich-verzaubern-Lassen", bestens geeignet für Romantiker und Rosenliebhaber. In dem entzückenden klitzekleinen Geschäft dreht sich seit 2006 alles um die „Königin der Blumen" – die Rose: von Pflanzen und Kerzen über Cremes und Öle bis hin zum 700 Kilogramm schweren Rosenquarz.

Den kargen Innenhof verwandelte die „Rosenkönigin" im Nu in einen verwunschenen Zaubergarten mit wunderschönen Pflanzen sowie reizvollen Elfen und Engeln, die allerorten hervorlugen. In schönen Lettern auf die Hofwand gemalt, stimmt der Wortlaut aus dem Märchen „Der Rosenelf" zum Träumen ein. Seine Fantasien kann man sich in dem vielseitigen Angebot der „Rosenkönigin" ganz leicht erfüllen. Auch ungewöhnliche Ideen, wie das im Garten inszenierte Candle-Light-Dinner für den Herrn, der eigentlich nur zum Rosenkauf kam: Es wurde zum unvergleichlichen Event, der die Dame seines Herzens zu Tränen rührte.
Das angrenzende alte Sudhaus der ehemaligen Brauerei dient nunmehr auch mit seinem historischen Inventar als faszinierend kontrastreiche Kulisse für das fröhliche Nebeneinander von „Edlem und Schönem", wie Christine Haldek ihr Sortiment umschreibt. Sie selbst erscheint in heiteren Outfits und witzigen Accessoires. Mit ihren Kostbarkeiten will sie die Herzen der Menschen erreichen. Ein stimmigeres Medium als das „Symbol der Liebe" – die Rose – hätte sie dazu nicht wählen können.

Objekt & Farbe – Stefan Haimerl

Objekt & Farbe
Stefan Haimerl

Gillitzerstraße 10
83022 Rosenheim

Telefon 0 80 31 / 23 05 20

Es gibt vielerlei Arten, Räumen eine Bedeutung zu verleihen. Stefan Haimerl vollbringt dies mit Pinsel und Federstrich – und dem geschriebenen Wort.

Der Rosenheimer betreibt seit 1997 seine Wand- und Fassadenmalerei und verschönert so Innen- wie Außenräume. Bis dahin restaurierte der gelernte Kirchenmaler die Altäre und Fresken oberbayerischer Barockkirchen. Dabei entdeckte er seine Leidenschaft für die Kalligraphie – der „stillen Kunst des Schönschreibens“. Die Lesbarkeit des Textes steht dabei weniger im Vordergrund als vielmehr die Ästhetik der Schrift selbst, die so zum Kunstwerk wird – als fortlaufende Bordüre oder flächendeckendes Gemälde. In freiem Pinselstrich oder mit ruhiger Feder gezogen, verleiht Stefan Haimerl damit Wänden oder Fassaden „tiefsinnige Anstriche“, denn für seine Texte verwendet er gerne stimmige Gedichte oder Buchpassagen. Womit er das gesprochene und häufig nur flüchtig wahrgenommene Wort optisch fest ins Bewusstsein verankert – und es so unvergänglich macht.
In seinem Atelier im bezaubernden Hinterhof der „Rosenkönigin“ wartet er mit einem ganz besonderen Schmuckstück auf: Eine original Art-Deco-Wandbemalung aus den 1920er-Jahren, die Stefan Haimerl freilegte und in eigener Gestaltung fortführt. Im Raum davor offenbart sich seine kalligraphische Kunst – dargelegt auf einer Wand, die erscheint, als sei sie just befreit von antiken Farbschichten. Doch dies ist Illusion, geschaffen von Stefan Haimerl, der so ein Wandgemälde im eigentlichen Sinne entstehen ließ – faszinierend harmonisch und vollendet lebendig, denn – um mit Goethe zu schließen – „Die Farben sind die Taten und Leiden des Lichts“.

Tischlein deck dich

Tischlein deck dich
Schenken, wohnen & mehr
Annerose Arnold

Salinstraße 1
83022 Rosenheim

Telefon 0 80 31 / 38 01 69
Telefax 0 70 21 / 8 20 56

Wer inspirierende und originelle Geschenkideen sucht, wird im Rosenheimer „Tischlein deck dich" mit Sicherheit fündig. Inhaberin Annerose Arnold spürt mit viel Liebe zum Detail und einem ausgeprägten Sinn für die schönen Dinge des Lebens stilvolle wie ausgefallene Accessoires auf, die für jede Gelegenheit das Besondere bieten.

In ihrem attraktiven Geschäft findet sich darüber hinaus eine Vielzahl an dekorativen wie nützlichen Dingen, die den Alltag mit ihrem Charme verschönern. Rund ein Drittel der angebotenen Accessoires stammt von kleinen, eher unbekannten Anbietern aus aller Welt. Das umfangreiche, vor allem aber äußerst abwechslungsreiche Sortiment setzen sie und ihr Team mit Mut zur Individualität und viel künstlerischer Freiheit gekonnt in Szene, sodass alles – trotz seiner unterschiedlichen Stilrichtungen – zu einem harmonischen Ganzen zusammenfließt. Im „Tischlein deck dich" reiht sich Orientalisches an Indisches, Buntes an Klassiker der puren Moderne: Der Besucher kann so Lebenslust versprühende italienische und französische Tischwäsche mit kuscheligen Kissen und Plaids entdecken, die aus bester lichtechter Qualität hergestellt sind; er findet hochwertige, mit liebevollen Details versehene Schals aus Seide, Leinen, Kaschmir und Wolle. Glänzendes Silber lockt seine Aufmerksamkeit auf die antike Anrichte, auf der sich formschöne Kerzenständer und blitzende Bilderrahmen versammeln. Farbige Glanzpunkte ziehen ihn in den Bann und lassen seinen Blick auf den unzähligen bunten, vielseitig kombinierbaren Glasschüsseln verharren, die das Museum of Modern Art für ihr gelungenes Design prämierte. Kerzen aller Art – darunter außergewöhnliche wie die schwarzen Lack- und die vielfarbigen Samtkerzen – runden das beeindruckende Sortiment ab.
Anregende Impulse für eine fantasievolle Tafel daheim bieten die geschmackvoll präsentierten

Tischdekorationen für Genießer, die stets auch überraschen – so mit Topfuntersetzern aus Schiefer, die sich ebenso gut zum Anrichten von Leckereien wie auch als Servierplatte eignen, oder Gourmetteller aus Porzellan, deren sinnige Sprüche zum Schmunzeln oder Nachdenken anregen. Viel Sinn für Humor schlägt dem Besucher mit dem Geschenkpaket zum Selberbacken entgegen: Eingeschlagen in ein feines Geschirrtuch findet sich eine Teigmischung, die den Traumprinzen wahr werden lässt. Wer sich dazu noch den Schutz von Engeln sichern will, findet im gleichnamigen Schmuckprogramm bezaubernde Glücksbringer, die zudem mit jedem gekauften Exemplar einen guten Zweck erfüllen, denn ein Teil des Erlöses fließt in wohltätige Zwecke. Daneben begeistern traumhafte Armbänder und Ketten, die aus unterschiedlichsten Materialien gefertigt sind. Und so vergisst man beim Bummeln schnell die Zeit, tankt Freude auf und findet fast immer ein liebreizendes Accessoire für Haus und Garten, das den Alltag etwas freundlicher macht.

Annerose Arnold versteht es als eine Art Lebenskunst, wenn sie mit Fantasie und in stimmungsvollen „Bildern" handwerklich schöne Dinge präsentiert und damit eine harmonische Atmosphäre schafft. Vor allem aber erfüllt es sie mit innerer Zufriedenheit, wenn ihre bezaubernden Accessoires anderen ein bisschen Glückseligkeit schenken.

Wok & Wine – east meets west

Wok & Wine – east meets west
Vedat Güvenir

Am Salinplatz / Bahnhofstraße 13
83022 Rosenheim

Telefon 0 80 31 / 22 09 25-0
Telefax 0 80 31 / 22 09 25-1
www.wok-and-wine.de

Für Feinschmecker, die gesund und genussreich schlemmen wollen, gibt es in Rosenheim seit 2008 eine sehr zu empfehlende Adresse: Vedat Güvenir zelebriert in seinem „Wok & Wine" eine fernöstliche Küchenkunst, die er – fernab von jedem asiatischen Klischee – modern und in einem zeitgemäßen Ambiente präsentiert.

Das direkt am Salinplatz gelegene Restaurant zeigt sich mit seinen zeitlos modernen, aus naturbelassenem Eichenholz gefertigten Hochtischen und den schwarzledernen Stühlen im aktuellen Lounge-Stil. Die elegante und stilvolle Atmosphäre vermittelt dennoch jene Gemütlichkeit, die zum Verweilen einlädt. Man schaut vom Restaurant oder der Terrasse aus dem Treiben am Salinplatz zu und informiert sich bei Espresso oder Cappuccino in den ausliegenden Tageszeitungen und Magazinen über aktuelle Neuigkeiten. Im Mittelpunkt des Geschehens steht im „Wok & Wine" aber vor allem der gesunde Genuss:

Die Speisen werden stets frisch und erst nach Eingang der Bestellung an der offen in den Gastraum integrierten, einsehbaren Küchenzeile zubereitet; der Gast kann so dem asiatischen Küchenchef beim Rühren und Braten über die Schulter sehen. Inhaber Vedat Güvenir bietet eine leichte und bekömmliche Küche an, die sich für den schnellen Genuss zu Mittag wie auch für das gediegene Menü am Abend bestens eignet und dabei höchsten Ansprüchen genügt. Die köstlich mundenden Speisen werden ganztags schonend im Wok gegart und kommen in wenigen Minuten auf den Tisch. Als Vorspeise sei der Zitronengras-Hühnchenspieß empfohlen, der auf Avocado-Mango-Salat mit Sherry-Balsamico-Dressing serviert wird. Dem Gast stehen anschließend verschiedene Thai-Curry-Variationen sowie dreierlei Saucen zur Auswahl, die von bissfest gegartem Gemüse und thailändischem Duftreis begleitet werden. Feines saftiges Huhn, aromareiche geschnetzelte Rinderhüfte, exotische Tiger-Garnelen oder knusprige Ente werden je nach Wunsch mit der milden gelben, der pikanten grünen oder der scharfen roten Thai-Curry-Sauce angerichtet. Daneben finden sich weitere Köstlichkeiten wie das Chili Beef, das hauchzarte, perfekt medium gebratene Rinderhüfte mit Austernpilzen, Zuckerschoten und viel rotem Chili arrangiert, oder das grüne Seafood-Curry, das edle Zander- und Pangasius-Filets, Muscheln sowie Mango mit frischen Thai-Basilikumblättern kombiniert. Der bis 18 Uhr erhältliche Business-Lunch hält zudem eine Vielzahl wechselnder Speisen parat, die für das leichte Mahl zwischendurch konzipiert sind. Das ausgezeichnete Weinangebot ist gut selektiert und speziell auf die oft scharf und süß abgeschmeckten Gerichte abgestimmt.

Das „Wok & Wine“ von Vedat Güvenir offeriert eine neue asiatische Küche, die nicht nur ernährungsbewusste Genießer in höchstem Maße begeistert. Man speist unkompliziert bei Lounge-Musik und in entspannter Atmosphäre wie in den Metropolen der Welt – und ist doch im Rosenheimer „Wok & Wine“ zu Gast.

Salinum – Gesundheit pur

Salinum – Gesundheit pur
Zentrum für Gesundheit und Prävention
Andreas Riedrich

Salinstraße 3
83022 Rosenheim

Telefon 0 80 31 / 2 21 14 02
Telefax 0 80 31 / 2 21 14 03
www.salinum.de

Wer fit bleiben will, sollte vorsorgen. Seit 2008 existiert dazu eine innovative Adresse: Andreas Riedrich gründete mit seinem „Salinum" ein einzigartiges Zentrum für Gesundheit und Prävention, das auf gesunde Ernährung, hohe Vitalität, erholsamen Schlaf und medizinische Kosmetik setzt.

Mit seinem umfassenden Konzept und einem erfahrenen Team aus Fachkräften will der Rosenheimer Apotheker Schwachstellen im Körper frühzeitig erkennen und mit gezielter Prophylaxe die Entstehung von Krankheiten verhindern. Mit dem Diagnosegerät Vega-Check ermittelt Heilpraktikerin Brunhilde Schwendele den Säure-Basen-Haushalt, überlastete Entgiftungsorgane oder den Befall durch Bakterien und Viren. Mit dem anschließenden Vega-Test werden diese Anhaltspunkte detailliert erfasst; er zeigt unter anderem belastende Schwermetalle, Vitamin- und Mineralmängel oder Störfelder im Zahnbereich auf. Diesen Missständen wirkt die Heilpraktikerin mit ausleitenden Maßnahmen, einer Ernährungsumstellung oder ergänzenden Mikronährstoffen entgegen, die Apotheker Andreas Riedrich – exakt auf Bedürfnisse des Einzelnen abgestimmt – herstellt. Seine hoch dosierten Vitalstoffmischungen enthalten Vitamine, Spurenelemente oder Mineralien; als Granulat quellen sie im Körper langsam auf und können so gut aufgenommen werden. Der Ernährung kommt bei seinem Ansatz eine Schlüsselrolle zu. Um gezielt das Gewicht zu reduzieren, den Stoffwechsel zu regulieren sowie das Wunschgewicht zu halten, konzipiert das Team vom „Salinum" einen persönlichen Ernährungsplan. Die bioelektrische Impedanz-Analyse hält schließlich das Verhältnis von Wasser, Fett und Muskelmasse im Körper fest und stellt sicher, dass beim Abnehmen Fett- und nicht Muskelmasse abgebaut wird.

Wer den Körper dazu noch ohne Gewichte kräftigen oder orthopädische Beschwerden lindern will, dem steht das Elektro-Myo-Stimulationstraining zur Verfügung. Hier werden unter Anleitung eines Trainers einzelne Muskelgruppen mit elektrischen Impulsen so effektiv trainiert, dass sich in kürzester Zeit optimale Ergebnisse einstellen. Regeneration ist wichtig und findet während des Schlafs statt – sofern er erholsam ist. Mit dem einzigartigen mobilen Schlafscreening kann die häusliche Nachtruhe minutiös festgehalten werden. Das kleine Gerät zeichnet das nächtliche Verhalten detailliert auf und zeigt, ob die Tiefschlafphasen auch ausreichend lang waren. Auch das Aussehen wirkt sich auf das

Befinden aus; das „Salinum" bietet deshalb hochwertige Naturkosmetik an, die nach einer ausführlichen Beratung inklusiv Hautanalyse individuell für den Einzelnen hergestellt wird. Die Fachkosmetikerinnen des Hauses behandeln Hautrötungen, Altersflecken oder Akne mit modernsten, auf Lichtimpulsen basierenden Geräten, die auch zu einer dauerhaften Haarentfernung verhelfen. Wöchentliche Vorträge sowie eine kostenlose persönliche Erstberatung runden das Gesundheitsangebot ab. Ganz gleich, für welche präventive Maßnahme man sich entscheidet, im „Salinum" bündeln sich Fachkompetenz und individuelle Beratung. Und so resümiert Andreas Riedrich stimmig: „Wenn man krank ist, geht man zum Arzt und Apotheker, wenn man gesund bleiben will, dann ins Salinum."

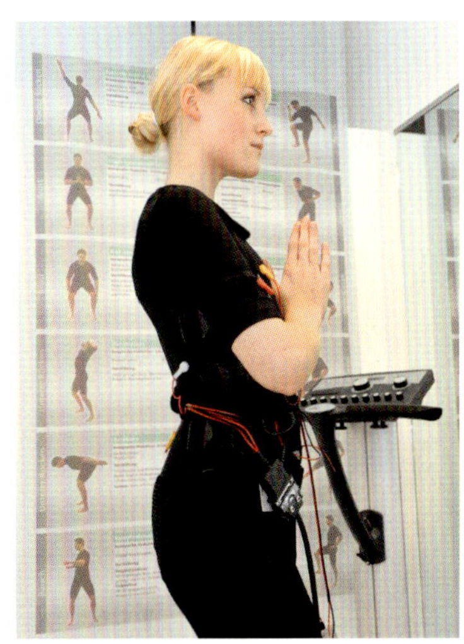

Rund um den Simssee

Der beschauliche und eher unbekannte Simssee findet sich rund sieben Kilometer von Rosenheim entfernt. Sanft liegt er eingebettet in einer idyllischen Hügellandschaft mit unberührten Ufern, die teils von Schilf geziert sind. Mit seinen 22 Metern Tiefe ist der See recht flach und kann sich im Sommer schnell auf über 20 °C erwärmen, was ihn zu einem beliebten Badessee in der Region macht. Wer sich in „mollig-warmen" Gewässern besonders wohlfühlt, sollte den Chiemgau Thermen im nordöstlich vom Simssee gelegenen Bad Endorf einen Besuch abstatten. Hier stammt das bis zu 34 °C warme Wasser der Außen- und Innenbecken aus einer der stärksten Jod-Thermalsole-Quellen Europas. In rund 1 800 Quadratmetern kann der Besucher aufgrund des erheblichen Auftriebs im Wasser regelrecht schweben und sich und seiner Gesundheit so mit Genuss Gutes tun.
Ein Gradierwerk sorgt zudem dafür, dass auch die Atemwege von der konzentrierten Jodsole profitieren. Zudem verfügen die Chiemgau Thermen neben Wellness-, Beauty- und Fitnessangeboten über eine großzügig angelegte Saunawelt mit Ruhebereichen, die einen herrlichen Blick in die Chiemgauer Berge präsentieren. Ihr umfangreiches Angebot bietet für jeden Geschmack das Richtige – von klassischen über innovative Saunagängen bis hin zu einem abwechslungsreichen Veranstaltungsprogramm, das die Thermenlandschaft mit Fackeln und Kerzenschein in eine romantische Lichterwelt verzaubert oder nächtliche Spezialaufgüsse mit Klangschalenmeditation und Didgeridoo-Klängen verbindet.
In der südlichen Simsseeregion befindet sich in

Winterliche Badefreuden in den Bad Endorfer Chiemgau Thermen

Riedering der Hauptsitz des weit über die hiesigen Grenzen hinaus bekannten Chiemgauer Volkstheaters. 2009/2010 begeht das für seine lustigen, mit viel Herz erzählten Geschichten bekannte Ensemble sein 80-jähriges Bestehen; seit 25 Jahren führt es der von Film und Fernsehen bekannte Schauspieler Bernd Helfrich gemeinsam mit seiner Frau Mona. Seit 1992 werden die volksnahen Stücke regelmäßig auch im Fernsehen ausgestrahlt; seit 1994 sind sie fester Bestandteil im TV-Programm des Bayerischen Rundfunks, wo sie freitags und immer wieder auch sonntags ein Millionenpublikum mit ihren typisch bayerischen Schwänken erheitern. 2009 fand die 150. Aufzeichnung statt. Daneben tourt die beliebte Theatergruppe durch die Lande und tritt – vorwiegend im Chiemgau sowie dem restlichen Bayern – in ausgesuchten Sälen und Veranstaltungsorten auf. Ein weiteres kulturelles Schmankerl, das hiesige Traditionen mit zeitgeistigen Elementen verbindet, sind die mehrfach im Jahr vom Bayerischen Fernsehen produzierten und ausgestrahlten „Wirtshausmusikanten beim Hirzinger", die im gleichnamigen Wirtshaus in Söllhuben aufgezeichnet werden. Hier treten junge wie etablierte Musiker und Sänger aus Bayern sowie dem angrenzenden Österreich auf, die mit ihren neuzeitlichen Interpretationen der traditionellen bayerischen Volkslieder und Musikstücke der „klassischen Volksmusik" eine überaus gelungene, frische und moderne Komponente verleihen – teils mit frechen Texten oder jazzig-modernen Stilelementen, stets mit einem wahren Feuerwerk an musikalischer Virtuosität und unbändiger Lebensfreude.

Der Simssee

Aldona Sassek – Kunstgalerie im Stall

Kunstgalerie im Stall
Malschule
Aldona Sassek

Kielinger Straße 145
83071 Stephanskirchen

Telefon 0 80 36 / 89 21
www.kunstgalerie-im-stall.de

Zweimal jährlich finden sich Kunstliebhaber wie Freunde in der Galerie im ehemaligen, jahrhundertealten Stall ein: Aldona Sasseks Ausstellungen sind weithin bekannt, ebenso ihre ausdrucksstarken Bilder, die vom tiefen Respekt vor dem Leben und seinen mannigfaltigen Schattierungen zeugen.

Aldona Sasseks Kunst berührt; sie erzählt von Demut und Vergebung, von Sehnsucht und Melancholie – vor allem aber von Liebe. Mit ihren faszinierenden Gemälden will sie Gefühle weitergeben – die eigenen wie die, die sie bei anderen spürt. Der Betrachter soll sich wiedererkennen, fühlen, dass er nicht allein ist; aber auch Kraft, Mut und Solidarität finden. Dabei sind ihre Bilder als ein Gegenentwurf zur materiell ausgerichteten Welt zu verstehen; im Mittelpunkt steht die Schönheit – die der Frauen und Kinder, aber auch die der Natur. Ihre Landschaften verschwimmen schemenhaft zwischen Wahrheit und Abstraktion, ihre Figuren sind eher Fabelwesen denn Realität. Die Facetten ihrer Personen deckt die Künstlerin auf, indem sie hinter deren Masken schaut. So malt sie transparent und legt mit dem Durchschimmern von Struktur und Hintergrund stets auch die verborgenen Schichten ihrer Protagonisten frei. Um deren Zerbrechlichkeit zu charakterisieren, porträtiert sie ihre Figuren teils nackt – so können sie sich nicht hinter Status und Etikette verstecken und gewähren einen Einblick in ihre Seelen.
Aldona Sasseks Bilder sind emotionale Schutzschilder, die uns den Weg ins Glück weisen, denn sie offenbaren das Elementarste schlechthin – die Schönheit der Schöpfung.

Klinik Silima

Klinik Silima
Synthese chinesischer und westlicher Medizin
Dr. med. Fritz Friedl

Gut Spreng
83083 Riedering

Telefon 0 80 36 / 3 09-0
Telefax 0 80 36 / 3 09-2 31
www.klinik-silima.de

Wer in entspannter und angenehmer Weise Körper und Geist in Einklang bringen und dabei allumfassend gesunden will, ist in der „Klinik Silima" richtig. Sie bietet deutschlandweit ein einzigartiges Konzept, das die Schulmedizin mit den Lehren der Traditionellen Chinesischen Medizin vereint. Dabei ist der Gründer und Chefarzt, Dr. Fritz Friedl, nicht nur ein innovativer Vordenker, sondern eine der Koryphäen in der Traditionellen Chinesischen Medizin (TCM).

In seinem ganzheitlichen Ansatz ergänzen sich beide Wissenschaften, indem die Stärken der einen die Schwächen der anderen ausgleichen. Dem fernöstlichen Gedanken liegt ein tiefes psychosomatisches Verständnis zugrunde, zudem steht alles im Zusammenhang und befindet sich im permanenten Wandel: Die Organe wie Leber, Herz, Milz, Lunge und Niere sind über eine übergeordnete Symbolik jeweils einem der fünf Elemente Holz, Feuer, Erde, Metall und Wasser sowie bestimmten Emotionen wie Zorn, Freude, Sorge,

Trauer und Angst und einzelnen Geschmacksrichtungen wie sauer, bitter, süß, scharf und salzig zugeordnet. Gemeinsam verkörpern sie ein Aufgabengebiet oder einen Funktionskreis, den der Körper gut oder eben nicht gut erfüllt. Bei der Anamnese geht Dr. Fritz Friedl beispielsweise zur Beurteilung der Verwertung, die in der TCM eine bedeutende Rolle spielt, nicht nur der Frage nach, ob und wie der Körper Nahrung verwertet, sondern auch wie Informationen und soziale Einflüsse verarbeitet oder Ideen umgesetzt werden. Der Funktionskreis Leber steht für die Aktivierung und bezieht die Fantasie, die Kreativität, die Entschlusskraft sowie die motorische Umsetzung mit ein. Und so betrachtet ein TCM-Mediziner bei trockenen Schleimhäuten auch negative Gedanken, bei Migräne das Frösteln oder einen eventuellen Bandscheibenvorfall. Zur Diagnose nutzt er den Puls und die Zunge. Vom Belag der Zunge zieht Dr. Friedl Rückschlüsse auf den Zustand des Immunsystems; bei der Pulsdiagnose fühlt der Mediziner an drei Stellen am Handgelenk und spürt, welche der

übergeordneten Funktionskreise nicht gut arbeiten. Zur TCM gelangte Dr. Fritz Friedl aus einer Mischung aus Interesse und Betroffenheit. Im Studium, als ihn Zweifel über die isolierte Betrachtungsweise der Schulmedizin befielen, gelangte er zu den Vorlesungen des Professors Porkert, der TCM am Münchner Ostasien-Institut lehrte. Die gute Einbindung von seelischen und körperlichen Aspekten gefiel dem jungen Studenten sehr. Dann wurde Dr. Fritz Friedl selbst schwer krank; Die Schulmedizin konnte ihm nicht helfen und er begann, mit der Phytotherapie der TCM an sich zu experimentieren – mit phänomenalem Erfolg, den er selbst zunächst nicht glauben konnte. Um einen eindeutigen Beleg zu erhalten, setzte er seine Behandlung ab und ließ sich von Freunden alternative Tinkturen mischen – doch das Resultat blieb gleich: Ohne seine „Heilpflanzenmischung" wurde es schlimmer – mit ihr konnte er sich schließlich komplett heilen. Nach Ende des Studiums eröffnete er 1983 in Wasserburg seine erste Praxis. Seither konnte er über unzählige Krankheitsgeschichten seinen Wissens- und Erfahrungsschatz weiter ausbauen und greift nun auf Rezepturen zurück, die sich zigmal bewährt haben. Seit 2003 leitet Dr. Friedl die „Klinik Silima", die er mit Unterstützung ehemaliger geheilter Patienten gründete. Die frühere Hackethal-Klinik mit ihrer idyllischen Lage inmitten von Wald und Wiesen, mit Blick auf die Chiemgauer Berge sowie dem benachbarten kleinen Weiher und der beschaulichen Kapelle war bestens geeignet für das Vorhaben, eine ansprechende und gemütliche Atmosphäre zu erschaffen. Die 18 individuell und wohnlich gestalteten Zimmer, alle Räume sowie der Speisesaal erwecken eher den Eindruck eines stimmungsvollen Landhotels als den einer Klinik. Das Personal sowie die Ärzte und Therapeuten – eine Neuropathologin, ein Allgemeinmediziner, ein Psychotherapeut, ein Assistenzarzt sowie einige Physiotherapeuten – begegnen ihren Patienten in ausgesucht partnerschaftlicher sowie liebenswürdiger Weise. Neben der klassischen Schulmedizin setzt Dr. Fritz Friedl bei seinen Therapien auf alle Säulen der TCM: Akupunktur, Bewegung mit Qigong, Massagen wie Tuina, die an den Akupunkturpunkten ansetzt, Ernährung sowie die bedeutendste von allen, die Phytotherapie. Die chinesische Medizin kennt 11 000 Heilpflanzen, von

denen rund 500 nach Deutschland eingeführt werden dürfen. Aus ihnen wird ein individueller Dekokt hergestellt. Dazu kocht man die Heilpflanzen mehrere Stunden lang; der Absud wird verdünnt vom Patienten schluckweise über den ganzen Tag verteilt getrunken. So erhält der Organismus fortwährend, behutsam und schrittweise die nötigen Impulse zur Genesung.
Ein weiterer Meilenstein in der „Klinik Silima" ist die chinesische Diätküche, die der Spitzenkoch Peter Asch, der schon mit Eckart Witzigmann kochte, auf höchstem Niveau zelebriert. Gemeinsam mit dem bekannten chinesischen Koch Professor Peng Mingquan, der sich drei Monate in Riedering aufhielt, entwickelte er rund 120 Speisen, bei denen die original Rezepturen auf hiesige Gegebenheiten abgewandelt wurden. So setzt Peter Asch unbekannte Techniken wie das Rotkochen ein, bei dem das Fleisch mit Kräutern so mariniert wird, dass es zwar wie Gebratenes schmeckt, aber über keinerlei ungesunde Röststoffe verfügt. Zudem werden Heilpflanzen in den Kochprozess integriert – so der Reis im Kräutersud gegart und der Ingwer vorab im Öl gebraten und wieder entfernt. Was sich geschmacklich kaum auswirkt, aber die gesunden und verdauungsfördernden Wirkstoffe im Reis oder Öl beibehält. Gerade im Gesundungsprozess ist eine leichte und kräftigende Ernährung von großer Bedeutung. Mittlerweile sind die Küchenkünste von Peter Asch über die Klinik hinaus weit bekannt. So kocht er mit der Ärztin Dr. Marianne Koch in einer Internet-Kochserie und hält in Riedering öffentliche TCM-Kochkurse ab.
Die „Klinik Silima" steht nicht nur stationären Patienten zur Verfügung, sondern bietet auch – neben wöchentlichen Vorträgen – eine Tagesklinik sowie eine Ambulanz an. Als Indikationen sind von chronischen Erkrankungen und Infektanfälligkeit über das Burnout-Syndrom bis hin zu Allergien und Essstörungen viele bekannte wie nicht eindeutige Krankheitsbilder angezeigt; auch vor Operationen, bei Tumorpatienten sowie zur besseren Verträglichkeit von Chemotherapien, die im Haus vom Münchner Onkologen Professor Petro E. Petrides durchgeführt werden, hilft TCM. Und nicht zuletzt sorgt die „Klinik Silima" mit Aufenthalten in der Tagesklinik – auch zum Kennenlernen oder als präventive Maßnahme – für die richtigen gesundheitsfördernden Impulse.

Idylle am Simsseeufer

Naturkostmühle Wagenstaller

Naturkostmühle Wagenstaller
Annelie Wagenstaller

Obermühl 49
83083 Riedering

Telefon 0 80 36 / 77 20
Telefax 0 80 36 / 17 41
www.wagenstallermuehle.de

Tradition nicht nur zu erhalten, sondern sie weiterzuführen, sie ins Hier und Jetzt zu integrieren – so könnte das Anliegen von Annelie Wagenstaller umschrieben werden, die mit ihrer Naturkostmühle den Menschen „Brot und Heimat" wieder näherbringen möchte.

Die idyllisch gelegene Mühle gehört seit 1927 der Familie; bereits der Großvater war Müller, ebenso der Vater. Nach dessen Tod erweiterte die Müllermeisterin Annelie Wagenstaller mit ihrer Mutter den kleinen Mühlenladen stetig bis zum heutigen, rund 1 000 Produkte umfassenden Angebot. Neben Gewürzen, Tees und Bioweinen findet der Gast alles rund ums Mehl sowie seit nunmehr 30 Jahren ein spezialisiertes Fachwissen um die natürlichen Heilmittel der Heiligen Hildegard von Bingen. Dabei liegt es den Wagenstallers vor allem am Herzen, zu beraten und zu informieren, wie man sich gesund und natürlich ernähren kann. Zudem wollen sie auch die Tradition des „Selberbackens" wieder populär machen, zeigen, was sich aus Mehl alles schnell und gesund herstellen lässt – vom saftigen Pfannkuchen über edle Nudeln bis hin zu feinen Mehlspeisen. Neben Brotbackkursen bietet Annelie Wagenstaller dazu auch historische Mühlenführungen an und schrieb das lesenswerte Buch „Brot und Heimat", in dem sie Wissenswertes zum Thema verrät. Mit ihrem Engagement steht die Müller-Familie ganz im Zeichen ihrer mittlerweile raren Zunft. Und so soll es in Riedering auch weitergeführt werden – bald nun vom Sohn Markus.

Hirzinger – Hotel Gasthof zur Post

Hirzinger
Hotel Gasthof zur Post
Lorenz Hilger

Endorfer Straße 13
83083 Söllhuben

Telefon 0 80 36 / 12 66
Telefax 0 80 36 / 43 36
www.hirzinger.eu

Der „Gasthof zur Post" – in der Region schlicht „Hirzinger" genannt – ist eine Institution: Die Wirtsstuben sind uralt wie urgemütlich, die Küche in bester Weise typisch regional, die hauseigene Metzgerei weithin bekannt, der Biergarten legendär und das Hotel – spektakulär.

Der Gasthof liegt schon seit Jahrhunderten im Familienbesitz der Familie Hirzinger, die seit 1975 nunmehr Hilger heißt – 1477 wird das Wirthaus erstmals namentlich erwähnt. Seit 2000 führt Lorenz Hilger den stattlichen „Itakerhof", der bis 1928 die Söllhubener Poststation beherbergte. Er baute das Anwesen nach und nach um und aus. Den ehemaligen Rossstall verwandelte er in die heutige Weinstube, in der kein Tisch dem anderen gleicht. Sie strahlt mit ihrem bezaubernden, schön ausgeleuchteten Gewölbe, dem 150 Jahre alten, bei jedem Tritt knarzenden Holzboden, den rustikalen historischen Weinpressen sowie den vielen alten Familienfotos traditionellen Charme sowie heimelige Gemütlichkeit aus. Der Biergarten – der als der schönste im Chiemgau gilt – wuchs mit dem Haus; heute finden rund 320 Personen unter dem Schatten der weiß blühenden, teils hundert Jahre alten Kastanien ihren Platz. Das Herzstück des „Hirzinger" ist aber mit Sicherheit die original aus 1902 stammende Wirtsstube, die in ihrer schlichten Anmut entzückt. Einfache Tische und karge Bankerl verströmen den genügsamen Geist längst vergangener Zeiten – und damit ein Gefühl von Heimat und Geborgenheit, dem man sich nur schwer entziehen kann. Die Küche des „Hirzinger" wartet mit typisch bayerischen Schmankerln auf, nach denen man sich hier geradezu sehnt – so den obligatorischen ofenfrischen Krustenschweinsbraten oder den edlen Tafelspitz mit Kren.

Daneben tischt das Wirtshaus feine Schmorgerichte wie das pikant abgeschmeckte saure Kalbslüngerl mit Semmelknödel und das zart gesottene Ochsenbackerl im Brezenmantel mit Kartoffel-Vogerl-Salat auf; zudem eher selten auf der Karte anzutreffende Spezialitäten wie die feine gebackene Milzwurst oder den knusprig gebackenen Kalbskopf, die beide mit Kartoffel-Gurken-Salat serviert werden. Das Fleisch stammt dabei aus der hauseigenen Metzgerei, was beste Qualität und absolute Frische garantiert. Bekannt ist das Haus für sein im Buchenholz sanft geräuchertes Rindfleisch, das sich hervorragend zum Spargel kombinieren lässt, sowie das herzhafte Tartar vom Rind, das mit gehackten Zwiebeln, Gewürzen und Schwarzbrot kredenzt wird. Den Genuss perfekt machen köstliche Bierspezialitäten wie das eigens fürs Haus gebraute, besonders vollmundige „Hirzinger" Weißbier, das dem Geschmack des Chefs nachempfunden ist, sowie das leicht süffige dunkle Hochzeitsbier. Dazu finden sich zahlreiche Weine von deutschen, österreichischen und italieni-

schen Spitzenwinzern. 2005 ergänzte der umtriebige Lorenz Hilger sein von Traditionen geprägtes Wirtshaus um eine spektakuläre Innovation: einen ungemein ansprechenden Hotelanbau, der im Sinne des Denkmalschutzes dem ehemaligen Stadl in beeindruckender wie feinsinniger Weise angelehnt ist und sich harmonisch in das bestehende Ensemble einfügt. Das eindrucksvolle Interieur der hellen und luftigen Zimmer besticht in seiner geradlinigen Natürlichkeit. Was hinlänglich gern als puristisch bezeichnet wird, nennt Lenzi Hilger einfach „schlicht" – und sieht darin die Fortführung des Stils, der seine historische Wirtsstube prägt. Und so entdeckt man im Neubau beim genauen Hinsehen allerorten traditionelle Elemente, die neuzeitlich interpretiert sind. Beispielsweise die einfache Holzstange, die hier als Garderobe dient und einst in dieser Form über dem Kachelofen hing. Ebenso sind die großzügig gehaltenen Nassbereiche mit ihren Designer-Waschbecken und -Badewannen wieder – wie früher üblich – im Zimmer angesiedelt; das allerdings derart sensationell, dass man beim morgendlichen Zähneputzen oder Duschen den Blick durchs Fenster weit ins Tal schweifen lassen kann. Wer so den Tag beginnt, wird ihn gewiss in wunderbarer Weise beenden. In vier Suiten, die zwischen 50 und 70 Quadratmeter groß sind, sorgen zudem elegante Dampfduschen und Whirlpools für weitere entspannte Augenblicke. Bei der Ausgestaltung des Baus verwendete Lorenz Hilger überwiegend alte heimische Materialien, die zum Teil aus der alten Tenne stammten wie die roten Ziegelsteine, die in ihrer unebenen, aber lebendigen Art die Flure und den Weg zu den Zimmern zieren. Hinweise zur Orientierung findet der Gast auf hübschen Wanddekorationen, die mit alten Schwarz-Weiß-Postkarten aus den 1950er-Jahren bestückt sind; sie wurden einst von Freunden und Bekannten an den Gasthof versandt. Bei seinem neuen, 340 Quadratmeter großen und neun Meter hohen Saal bewahrte Lenzi Hilger den Charakter der alten Tenne, indem er ihn mit einem wunderbaren Sichtdachstuhl ausstattete. Die Wände sowie die Decke ließ er in einem kräftigen Blutrot streichen. Und so ergibt sich bei Festen und Feierlichkeiten, bei denen der Raum edel in Weiß eingedeckt ist, ein faszinierender Gesamteindruck, der seinesgleichen sucht. Die besonders gute Akustik im Saal brachte Lenzi Hilger nicht nur viel Lob, sondern auch den Bayerischen Rundfunk ins Haus. Die regelmäßig im Bayerischen Fernsehen ausgestrahlten Sendungen der „Wirtshausmusikanten beim Hirzinger" werden seither hier aufgezeichnet. Die Plätze an den

Abenden sind heiß begehrt; Anfragen dazu gehen aus ganz Deutschland ein. Eine ebenso „prominente" Gruppe, die beim „Hirzinger" ein- und ausgeht, sind die Akteure des Chiemgauer Volkstheaters, die hier ihre Auftritte proben; aber auch die ansässigen Vereine haben ihren Platz beim „Hirzinger" – so der Trachtenverein, der im kleinen Saal seine Laien-Theaterstücke aufführt, sowie der hiesige Schützenverein, der nach wie vor regelmäßig zum Schießen kommt.
Damit bleibt die Tradition beim „Hirzinger" gewahrt, wenn auch Lorenz Hilger mit dem Bau seiner neuen Räumlichkeiten in wunderbarer und innovativer Weise aufzeigt, wie man zu den Ursprüngen zurückkehren und dabei den Zeitgeist integrieren kann; wie man die Aura historischer Materialien erhalten und sie darüber hinaus zu neuem Glanz führen kann. Und so hat der sympathische Wirt nicht nur seine alte Stube spektakulär neu interpretiert, sondern jahrhundertealtes Brauchtum in die Gegenwart versetzt – nicht mehr und nicht weniger.

Eggstätt-Hemhofer Seenplatte

Franz Kriechbaum

Franz Kriechbaum GmbH
Malerfachbetrieb & Raumkonzepte

Hirnsberger Straße 38
83093 Bad Endorf-Antwort

Telefon 0 80 53 / 37 86
Telefax 0 80 53 / 34 47
www.malereikriechbaum.de

Mit Farbe und Licht bringt man Räume zum Strahlen – zumindest dann, wenn ein Meister am Werk ist. Franz Kriechbaum ist ein solcher; in seinem über 300 Jahre alten Bauernhaus kann sich der Gast von seinem erlesenen Geschmack und handwerklichen Können überzeugen.

Seit vielen Jahren beschäftigt sich der Maler- und Lackierermeister mit Denkmalpflege, Kunstgeschichte und Farbdesign. Für seine Raumkonzepte inszeniert er auch Dekostoffe und -technik, Gardinenstangen sowie Beschattungsanlagen. Bekannt ist er mit seinem hochprofessionellen Team aber vor allem für seine elegante Oberflächengestaltung, mit der er die Architektur und den Stil des Hauses gern unterstreicht. Mit Vorliebe arbeitet er mit mineralischen Materialien wie Kalk- und Lehmputz. Diese Naturprodukte sind pflegeleicht, atmungsaktiv und stellen ein optimales Raumklima her. Mit „Stucco Marmorino" – einer über 1 000 Jahre alten venezianischen Kalkpresstechnik – zaubert er marmornen Glanz auch in bayerische Gemächer. Das Material, bestehend aus Marmormehl und Kalk, fertigt er selbst; der hochwertige, bis zu 25 Jahre alte Sumpfkalk stammt aus eigenen Kalkgruben. Bezaubernd seine stimmungsvollen Kombinationen mit indirekt beleuchtetem Stuck und Blattvergoldungen. Auch historische und moderne Häuserfassaden setzt er stimmig in Szene. Franz Kriechbaum verbindet meisterliches Geschick mit ausgeprägtem Stilempfinden. Seine umgestalteten Objekte erstrahlen in neuer Brillanz und Freude – und bringen so die Seele des Hauses zum Vorschein.

Atelier Petra Mitterer

Atelier Petra Mitterer

Edlinger Straße 45
83071 Stephanskirchen

Telefon 0 80 36 / 3 03 93 62
Telefax 0 80 36 / 3 03 93 63
www.petra-mitterer-atelier.com

Petra Mitterer will mit ihrer Malerei Wohnraum verschönern, ein in vollkommener Farbharmonie brillierendes Ambiente schaffen. Doch sie bewirkt deutlich mehr – mit innovativen Techniken, ungewöhnlichen Materialien und einem Stilmix à la Mitterer versprüht sie Witz und Vitalität.

Auf Leinwände malt sie eher selten – dafür auf Felle, Kaschmirplaids oder alte Gemälde. Die Abbilder der Grazien in der Nymphenburger Schönheitsgalerie „vollendet" die Künstlerin mit stimmigen Details wie Kirschen, Taschen oder einer Brezn; dem „Casanova" Ludwig I. „steckt" sie eine Rose in den Mund. Der Betrachter soll innehalten, staunen – und schmunzeln; die antiken Kunstwerke erhalten so einen aktuellen Bezug. Mit Schalk setzt sie doppelsinnige Akzente, bestückt Pferdestiche mit roten „Pferdeäpfeln" oder lässt Rehböcke durch Hut und Bart zum „Rehgent", durch Kette und Diadem zur „Rehgentin" oder durch Zopf zur „Rehsi" werden. Ihre kessen Bilder fasst Petra Mitterer in einen ihnen würdigen, farblich stimmigen Rahmen – veredelt ihn mit Reißlack und silbern schimmerndem Untergrund, verziert das Passepartout mit Seide, Kordeln oder chinesischen Schriften. Geweihen verleiht sie Glanz durch Strass; Amphoren und Kleinmöbel erstrahlen patiniert in Flieder, Apfelgrün oder Taubenblau – alles dekorativ drapiert in ihrem Wohnatelier anzusehen. Gerne „peppt" sie derart auch das Interieur oder antike Stiche von Kunden auf.
Petra Mitterers spritzige Malerei ist einfallsreich wie originell – sie belebt in harmonischen Farben den antiken Geist der Kunst und schafft so „zeitlose" Augenblicke.

Kreatives Umland

Kloster Seeon

Der Chiemgau ist reich an Attraktionen, auch kultureller Art. Vor allem wenn die bezaubernde Landschaft mit den unterschiedlichsten Veranstaltungen mit Musik oder Theater verschmilzt, entstehen magische Momente, die einzigartig sind. So finden die seit 1997 stetig gewachsenen Opernaufführungen auf „Gut Immling" in einer umgebauten ehemaligen Reithalle statt. Die Lage des etwas versteckt zwischen Bad Endorf und Halfing auf einer Anhöhe sitzenden Festspielorts ist insofern einzigartig, als dass sich mit Erreichen des Reitguts urplötzlich ein großzügiges Hochplateau eröffnet, das einen – unerwartet – einzigartigen Rundblick offenbart. So sind die von Intendant Ludwig Baumann initiierten Aufführungen nach wie vor ein Geheimtipp unter Kulturliebhabern weit über die Region hinaus. Seine Opern tragen stets seine individuelle Handschrift und sind ausschließlich Eigenproduktionen; seine Akteure sind bekannte internationale Stars wie auch vielversprechende Nachwuchssänger, die der Opernsänger Ludwig Baumann in aller Welt entdeckt; begleitet werden sie von den Münchner Symphonikern sowie vom eigenen Festivalchor. Krönung der Veranstaltung ist, neben der Inszenierung und dem musikalischen Erlebnis, der spektakuläre Sonnenuntergang, der sich dem Besucher während der Pause – zeitlich perfekt abgestimmt – bei einem kleinen Snack und einem Glas Wein oder Sekt von der Anlage aus offenbart und die Aufführungen zu einer Erlebnisoper der Chiemgauer Art werden lässt.

Das Kloster Seeon, idyllisch auf einer Halbinsel im Seeoner See gelegen, war einst ein Benedikti-

Kalligraphie

nerkloster. Nach längerer Renovierung eröffnete es 1993 wieder als Kultur- und Bildungszentrum. Seither bietet das Haus ein vielseitiges Programm mit Ausstellungen zu historischen Themen sowie mit Künstlern aus der Region, deren Exponate teils auch im Klostergarten platziert werden. Daneben finden klassische wie Jazz- und Volksmusik-Konzerte statt; die Räume stehen zudem für Seminare und Tagungen zur Verfügung. Unter der Bezeichnung „Akademie Burgili" veranstaltet das Kloster Seeon dazu ein eigenes Kursprogramm, das unter anderem mit Informationen zu Kalligraphie und der mittelalterlichen Buchschreibekunst aufwartet. Wenige Kilometer weiter öffnet das „Schloss Amerang" dem Gast seine Pforten für kulturelle Events sowie Feste und Feierlichkeiten. Besonders reizvoll liegt das fast runde Schloss auf einem bewaldeten Hügel, der von tiefen Gräben umgeben wird. Es wurde im Jahr 1072 erstmals urkundlich als Edelsitz erwähnt. Bekannt ist das rund 1 000 Jahre alte Renaissanceschloss für seinen stimmungsvollen dreistöckigen Arkadenhof, den Ortholf Freiherr von Crailsheim und seine Frau Julia Freifrau von Crailsheim

bei Veranstaltungen feierlich eindecken. Hier finden auch die Konzertveranstaltungen statt, die neben klassischer Musik auch immer wieder mit einheimischen Gruppen sowie bekannten Jazz- und Soulinterpreten aufwarten. Dank eines speziellen Heizsystems kann der Gast die Konzerte auch an kälteren Tagen ungetrübt genießen. Eine besondere Attraktivität ist das seit Jahren stattfindende mittelalterliche Ritterfest, das mit magischen Feuershows, Gauklern und einem großen Handwerkermarkt in längst vergangene Zeiten versetzt. Natürlich kann das Schloss auch besichtigt werden. Wer die besondere Unterkunft sucht, hat zudem die Möglichkeit, in der neu renovierten großzügigen Schloss-Suite – auch mit romantischem abendlichem Menü – oder in einem der weiteren komfortablen Gästezimmer zu nächtigen.
Das beschauliche Dorf Amerang hat aber noch einiges mehr zu bieten – es nennt sich stolz Museumsdorf, denn es verfügt darüber hinaus über zwei äußerst sehenswerte Häuser. So das für Oldtimer-Liebhaber hochinteressante Automobilmuseum, das über 220 Exponate aus der Zeit von 1886 bis heute und über die weltweit einzigartige Modelleisenbahn-Anlage der Spur II verfügt, sowie das authentische Bauernhausmuseum, das typische Höfe unterschiedlichster Bauart aus der Region zeigt.
Die Ameranger verstehen seit jeher zu feiern. Auf die Initiative des Architekten Rudi Rechl, der für außergewöhnliche wie stilvolle Bauten bekannt ist – er stattete beispielsweise den „Wirth von Amerang" und das „La Campagnola" aus – gründeten einige Ameranger 1989 ihren Gewerbeverein, der zugleich das erste Dorffest für das nächste Jahr anberaumte. Bis 2001 fand es immer wieder statt und verblüffte die von weit her gereisten Gäste mit einem umfangreichen wie ungewöhnlichen Programm: Denn im Schnitt spielten auf den Ameranger Dorffesten bis zu 32 unterschiedliche Musikgruppen auf – pro Fest versteht sich – und das beileibe nicht in der traditionellen Volksmusik. Vielmehr gastierten hier Musiker aus der ganzen Welt, die mit marokkanischen Trommeln, karibischem Reggae sowie Dixie-, Country und brasilianisch-bayerischer Musik die Stimmung anheizten. Rund 40 000 Besucher zählte das kleine Dorf pro Tag.

In dieser Zeit kreierten die Ameranger auch ihre „Gulpturtage“, bei denen der Skurril-Entertainer, Artist, Comedian und Schauspieler Eisi Gulp durchs Programm führte. Im Oktober 2009 wird diese Veranstaltung nun wiederbelebt und findet das dritte Mal als Ameranger Varieté-Festival statt. Es zeigt „Weltstadtvarieté auf dem Dorf“: An zehn Tagen treten zehn international bekannte Künstler in einem gemeinsamen Programm auf, moderiert von Eisi Gulp – und damit präsentiert sich Amerang wieder aufs Neue „angenehm anders“.

Vivarium

Vivarium
Café Restaurant
Brigitte Buchner

Schönbrunner Straße 1
83129 Höslwang

Telefon 0 80 55 / 82 70
www.cafe-vivarium.de

Das reizende, etwas versteckt liegende Café-Restaurant mit der Libelle als Symbol – die für einen intakten Lebensraum steht – ist in der Region längst kein Geheimtipp mehr. Die gesunde wie kreative Küche von Brigitte Buchner zieht seit 1990 Genießer aus nah und fern in das kleine, hoch über der Eggstätter Seenplatte gelegene Höslwang.

Als die junge Köchin vor rund 20 Jahren ihr weitestgehend biologisches und auf Vollwertkost ausgerichtetes Lokal eröffnete, war dies ein Novum in der Region. Auch die Innenausstattung mit den modernen, rot marmorierten Wänden und den schlicht weiß gehaltenen Säulen und Kachelöfen war damals eher ungewöhnlich. Diesem geradlinigen Stil blieb Brigitte Buchner bis heute treu. Ihren Garten stattete sie dabei wildromantisch sowie in gefühl- und fantasievoller Weise mit vielen entzückenden Details aus. So sitzt inmitten des kleinen angelegten Teichs ein großer, in Lederhosen gekleideter Keramikfrosch, der seinen Wasserstrahl in hohem Bogen ins Gewässer plätschern lässt. Bedächtig ziehen japanische Kois um ihn ihre Runden. Gleich daneben trällern Kanarienvögel, Nachtigallen und Wellensittiche in der hübschen Voliere ihre Lieder. Begleitet wird ihr Gesang vom Glucksen der Quelle, die hier ihren Weg aus dem Erdreich in den vom Schilf umrahmten Teich findet. Neben dem kleinen Steg hat es sich ein frei lebendes Entenpaar bequem gemacht und ein Stück weiter hoppelt der Hase des Hauses in seinem Gehege der Sonne entgegen. Das „Vivarium" – was aus dem Lateinischen stammt und Lebensraum bedeutet – ist eine Idylle, wie man sie nur selten erlebt. Für den Gast stehen im Garten etliche schön eingedeckte Tische bereit – unter der schattigen Kastanie, am reizenden Steingarten, in der Obstbaumwiese, direkt am beleuchteten Teich oder geschützt an der eleganten Hauswand. Neben der besonders beschaulichen Atmosphäre lockt aber vor allem die kreative wie vielseitige Küche von Brigitte Buchner die Gäste ins „Vivarium", die vom sonntäglichen Bio-Schweinebraten über einfallsreiche

Gemüse- und Vollwertspeisen bis hin zu vorwiegend regionalen Fleisch- und Fischgerichten alles bietet, was Feinschmecker gerne genießen. Bekannt ist das „Vivarium" vor allem für seine ausgefallenen vegetarischen Spezialitäten wie der herrlich knusprigen Roten-Bete im Kartoffelmantel an Meerrettich-Lauch-Sauce, dem panierten und mit Mozzarella gefüllten Kohlrabi-Schnitzel an Grünkernrisotto oder dem saftigen Polentastrudel an Karotten-Ingwer-Sauce. Viele Speisen sind mittlerweile beliebte Klassiker, wie der mit Spinat und Pinienkernen gefüllte Tintenfisch auf Tomatensugo, das Saltimbocca von der Königskoralle auf Limettenrisotto oder die mit getrockneten Dörrpflaumen, Champignons und Mandeln gefüllten Schweineröllchen an Sherrysauce. Nachmittags verwöhnt Brigitte Buchner ihre Gäste mit köstlichen hausgemachten Torten wie der herrlich aromatischen Kirschtrüffeltorte. Ab Mai veranstaltet sie zudem im monatlichen Wechsel stimmungsvolle Jazzfrühschoppen, zu denen sie ein umfangreiches Brunch-Büfett auftischt, das einem Streifzug durch ihre Kochkünste gleichkommt. Im „Vivarium" finden die Liebhaber einer bewussten wie genussvollen Küche eine Oase, die ihre Besucher wie Freunde empfängt – und dass sich unter den zahlreichen tierischen Hausgästen auch viele Libellen befinden, wundert hier niemanden.

Wirth von Amerang

Wirth von Amerang
Bernhard Weber

Postweg 4
83123 Amerang

Telefon 0 80 75 / 18 59 18
Telefax 0 80 75 / 18 59 17
www.wirth-von-amerang.de

Wer das besondere Wirtshaus sucht, wird sich im „Wirth von Amerang" wohlfühlen. Hier kann der Gast in längst vergangenen Zeiten schwelgen und findet zudem mit Bernhard Weber nicht nur den geborenen Wirt, sondern auch einen leidenschaftlichen Koch und begeisterten Weinliebhaber – was höchste Gaumenfreuden verheißt.

Das aus dem 11. Jahrhundert stammende denkmalgeschützte Haus diente einst als Posthalterei. Der Charme des antiken Interieurs begeistert den Gast im Nu; doch der Schein trügt – denn die Einrichtung ist neu, wenn auch das Mobiliar liebevoll authentisch sowie aus alten Materialien detailgetreu gefertigt wurde. Und so stehen in der gemütlichen Zechstube Stammtisch und großer Kachelofen parat, wartet die südtirolerische Herrgottstube mit einer bezaubernden gotisch verzierten Holzvertäfelung auf. Die kleine Welschenstube – die einst Fremde getrennt von den Einheimischen beherbergte, um Raufereien zu vermeiden – bietet mit zwei Nischen Platz für romantische Momente; die ausschließlich mit Kerzen illuminierte Alte Küche mit ihrer zwei Meter breiten, offenen Feuerstelle ein mittelalterliches Ambiente; die Knechtstube Platz für kleine Gruppen und der Hochzeitssaal mit seiner imposanten, aus uraltem Mooreichenholz gefertigten Decke Raum für festliche Stunden.
Die Stühle sind allesamt von Hand geschnitzt, die hübschen bleiverglasten Lampen ebenso gefertigt. Viele Details des schummrig gemütlichen Ambientes entdeckt der Gast erst auf den zweiten Blick. Bei aller historischen Vorliebe ist die Technik des Hauses topaktuell. So werden die Räume mittels einer modernen Boden- und Wandheizung erwärmt, weshalb der Gast stets an wohl temperierten Außenwänden lehnt. Im idyllischen Biergarten sitzt er zudem zünftig unter rot blühenden Kastanien und kann dem Plätschern des Brunnens lauschen.
Die südtirolerisch wie bayerisch orientierte Küche mit leichtem Hang ins Mediterrane greift in ebensolcher Weise Traditionen auf, die sie zeitgemäß interpretiert. So wird sonntags der obligatorische Schweinsbraten aufgetischt, die legendären Bauernenten im typischen Reindl serviert. Neben Edlem wie Hirsch- oder Filetsteaks bietet Bernhard Weber gerne rare Schmankerl an wie den sanft im Rotwein geschmorten Ochsenschwanz. Das äußerst zarte Kalbsbackerl lässt er in Roséwein garen und fährt es auch schon mal mit einer Kräuterkruste gratiniert auf. Ein Klassiker des Hauses ist die köstlich mundende, fein pürierte und mit etwas

Kürbiskernöl aromatisierte Kartoffel-Sauerkraut-Suppe. Eine ebenso schlichte wie raffinierte Delikatesse sind die „Drei Chiemgauer" – eine Knödeltrilogie, die die Leibspeise der Bayern mit Rote-Bete und cremigem Gorgonzola sowie mit Bärlauch und würzigem Bergkäse verfeinert und mit dem typischen Kaspressknödel, frisch gehobeltem Parmesan, etwas brauner Butter sowie einem knackigen Speckkrautsalat kredenzt. Für seine Almbauernsuppe werden Brot-, Speck-, Zwiebel- und Käsewürfel mit heißer Tafelspitzbrühe aufgegossen; bis der Sud am Tisch des Gastes ist, sind alle Zutaten in herrlicher Eintracht miteinander verschmolzen. Und so zeigt Bernhard Weber mit seinem „Wirth von Amerang" auf anschauliche wie genießerische Weise, was Genuss im Wesentlichen ausmacht – schlicht und einfach darf es sein, aber stets aus den besten Zutaten erschaffen.

Poidl – Feine Kost am Dorfbach

Poidl. Feine Kost am Dorfbach
Renate Stein

Frabertshamer Straße 1
83123 Amerang

Telefon 0 80 75 / 93 13
Telefax 0 80 75 / 14 86
www.feinkost.by

Seit 2006 gibt es in Amerang eine neue, äußerst empfehlenswerte Adresse – Renate Steins „Poidl" bietet natürliche Feinkost von bester Qualität und darüber hinaus einen Treffpunkt für alle, die bewusst genießen wollen.

Mit ihrem Geschäft führt sie die Tradition ihrer Eltern fort, die einst einen Krämerladen betrieben. Dabei interpretiert sie ihr „Dorfgeschäft" spektakulär anders – ihr „Poidl", das nach dem Hausnamen des Vaters benannt ist, führt neben Obst und Gemüse vor allem feine Leckereien, die sich zum schnellen Genuss wie auch zum aufwendigen Kochzeremoniell eignen. Das rustikale Interieur ist natürlich und schlicht gehalten; das Angebot stammt von ausgewählten, oft Slow Food angeschlossenen Herstellern – sowie aus dem eigenen Haus. So findet sich in der gläsernen Theke neben regionalen und internationalen Käsesorten beste umbrische Salami und feiner Parmaschinken, mit dem Ameranger Selchkaree aber auch ein hausgemachtes, leicht geräuchertes und luftgetrocknetes Rinderfilet. Ihre Antipasti bereitet Renate Stein täglich frisch zu; unbedingt probieren sollte der Gast ihre himmlischen, überaus cremigen Frischkäsevariationen, die die sympathische Inhaberin mit Chili und Paprika,

Trüffelsalsa und gebratenen Champignons, frischen Datteln und Marsala sowie mit Ziegenkäse und Quitten verfeinert. Einfach fantastisch mundet der in eine Prosciutto-Scheibe eingerollte und mit roten Pfefferbeeren veredelte Frischkäse, der zudem leicht in Kräuteröl mariniert ist und jeden Feinschmecker in Verzückung geraten lässt. Dazu empfiehlt Renate Stein ihr hausgebackenes Baguette, das wahlweise mit getrockneten Tomaten oder Oliven bestückt ist. Dienstags gibt es frische Gnocchi und Ravioli mit wechselnden Füllungen. Hübsch aufgereiht findet sich zudem eine stattliche Anzahl von Weckgläsern, die mit Hausmacher-Spezialitäten aufwarten – ganz wie früher ohne jegliche Zusätze „eingemacht“: von der Griesnockerl-, Gulasch- und Kartoffelsuppe über Boef la Mode und Rouladen bis hin zu Marmeladen und Sülzen. Die passenden Weine findet der Gast im stimmungsvollen kleinen Weinkeller, wo auch zahlreiche Essige, Öle sowie der Hauswein in Fässern und Glasballons zum Selbstabfüllen bereitstehen. Wer bei solch Schmankerl-Vielfalt nun ordentlich Appetit bekommen hat, kann an gemütlichen Tischen im Geschäft sowie auf der lauschigen Terrasse kleine Brotzeiten oder Antipasti verspeisen. Am bäuerlichen Tisch vor dem Haus fühlt man sich dabei beinahe wie auf einer Almhütte sitzend – was auch am leisen Plätschern des Dorfbaches liegen kann. Einmal im Monat finden im „Poidl“ Kochkurse statt, die auch als Event gebucht werden können. Donnerstags steht Renate Stein selbst am Herd und sorgt mit vegetarischen Delikatessen wie Suppen, Pastagerichten, Knödel- und Nockenspeisen für mittägliche Gaumenfreuden. Diese tischt sie auf einer langen, schön eingedeckten Tafel auf, die sich quer durch das Geschäft zieht und alle zum gemeinsamen Mahl einlädt. Mit ihrem „Poidl“ möchte Renate Stein den puren unverfälschten Genuss wieder ins Bewusstsein bringen, aufzeigen, wie mit einfachen und nachhaltigen Mitteln Feines auf den Tisch kommen kann – und das in absolut köstlicher Weise.

La Campagnola

La Campagnola
Trattoria – Pizzeria
Bernhard Weber

Bahnhofstraße 5
83123 Amerang

Telefon 0 80 75 / 9 16 88 44
Telefax 0 80 75 / 18 59 17

Wer die original italienische Küche liebt und dabei ein Faible für das kunstvolle wie eigenwillige Interieur des Ameranger Architekten Rudi Rechl hegt, findet im „La Campagnola" den idealen Platz. Direkt am glucksenden Dorfbacherl gelegen, vereint sich hier bayerische Gemütlichkeit mit südlichen Sinnenfreuden in wundervoller Art.

Seit 2007 befindet sich das stattliche, holzverkleidete Chiemgauer Haus mit seinen großzügigen umlaufenden Balkonen und den beschaulichen Terrassenplätzen unter der Ägide von Bernhard Weber, der auch das gegenüberliegende Wirtshaus führt. Seiner Leidenschaft zum italienischen Wein verdankt das „La Campagnola" sein erlesenes wie umfangreiches Wein- und Getränkesortiment, das allein über 30 Grappe verfügt. Das Interieur stammt von dem bekannten Ameranger Architekten Rudi Rechl, der auch den „Wirth von Amerang" ausstaffierte. Und so steht in der außergewöhnlichen Trattoria kein Stein gerade auf dem anderen – denn das Lokal wurde nach Augenmaß, ohne den Einsatz von Wasserwaage und Meterstab gebaut. Der Boden des Hauses ist mit dem prächtigen roten Marmor Rosso Verona gefliest; die in hellem rustikalem Holz geschreinerten Tische zieren Metallstangen, die mit eisernen Fahnen sowie einem Hahn bestückt sind oder als Kerzenständer fungieren. Überall finden sich Luken und Nischen, die den Räumlichkeiten Leichtigkeit verleihen und zudem reizvolle Ausblicke schaffen. Im Zentrum des Hauses sorgt die große offene Feuerstelle für knisternde Gemütlichkeit.
Die Küchenchefin sammelte ihre Erfahrung jahrelang in römischen „Ristoranti"; die italienische Küche kennt sie so aus erster Hand. Neben den klassischen Speisen und knusprig gebackener Pizza verwöhnt sie ihre Gäste mit hausgemachten, täglich frisch zubereiteten Antipasti sowie mit Bruschetta-Variationen, die neben den typischen

Tomaten mit Basilikum auch mit Artischockencreme oder Ziegenfrischkäse mit Rucola verfeinert sind. Ihre selbstgemachten Tagliatelle verbinden sich herrlich mit aromatischem Entenragout, würzigem Wildschweinsugo oder der edlen Rosé-Sauce, in der sich Seeteufel, Scampi und Garnelen räkeln. Ihre hausgemachten Panzerotti füllt sie wahlweise mit Wildschwein oder Steinpilzen sowie mit schwarzen Trüffeln. Die feinen weißen und grünen Bandnudeln Paglia & Fieno kombiniert sie mit Pfifferlingen, Parmaschinken und Artischocken. Als Secondo Piatto serviert die Küchenchefin das geschmorte Zicklein auf Trüffel-Polenta, den Hirschrücken mit Brandy und Champignonköpfen auf Steinpilzrisotto oder den in feine Streifen geschnittenen Kalbsrücken auf Löwenzahn. Wer ein spezielles mehrgängiges Menü verspeisen möchte, kann seine Order bis zu zwei Stunden vor dem Besuch übermitteln. Viermal im Jahr veranstaltet das „La Campagnola" zudem einen Überraschungsmenü-Abend, an dem ausschließlich neun Gänge serviert werden. Kellner Vitto erläutert mit gewohnt italienischem Charme die köstlichen Speisenfolgen – drei Vorspeisen, drei Nudelgerichte, je ein Fisch- und Fleischgericht sowie ein Dessert. Wer mit Freunden gediegen speisen und sich bei einem Glas köstlichen Weines in Ruhe unterhalten will, ist im „La Campagnola" mit Sicherheit bestens aufgehoben.

Dalal – marokkanisches Hammam

Naturkosmetikstudio Dalal
Marokkanisches Hammam
Marien Rassam

Lerchenweg 11
83123 Amerang

Telefon 0 80 75 / 84 69
www.dalal-amerang.de

Wer der Hektik des Alltags für einige Stunden entfliehen möchte, dem sei das original marokkanische Hammam in Amerang empfohlen. Hier verwöhnen Marien Rassam und ihr Team mit ritualisierten Waschungen, wohltuenden Ölen und entspannenden Massagen – und spenden Balsam für Körper, Geist und Seele.

Der Begriff Dalal stammt aus dem Arabischen und bedeutet „sich wohlfühlen" beziehungsweise „sich verwöhnen" – womit das ganzheitliche Programm der gebürtigen Irakerin bestens umschrieben wäre. Mit dem original marokkanischen Hammam hat Marien Rassam ein Stück ihrer Heimat nach Bayern gebracht. Im arabischen Kulturkreis ist dieses Reinigungsritual Teil des täglichen Lebens – arabische Frauen gönnen sich den entspannenden und wohltuenden Ritus alle zehn Tage. Marien Rassams Hammam ist dabei kein öffentliches Bad, sondern kann von Einzelpersonen, Paaren oder Gruppen gebucht werden. Bei marokkanischem Tee und in orientalischer Umgebung stimmen sich die Gäste in einem Gespräch auf die folgende Behandlung ein. Sie beginnt mit dem entspannenden und erwärmenden Aufenthalt im Baderaum. Dem schließt sich die Reinigung an: Hierbei wird mit einem besonderen Handschuh – dem Kiss – zunächst Olivenseife aufgetragen und dann gerubbelt, was zum gewünschten Peeling-Effekt führt. Mit lauwarmen Wasserquellen, die ringsum rieseln, kann sich der Besucher seine Haut wieder abspülen. Damit soll alle Last – auch die der Seele – weggeschwemmt werden. Nach einer Ruhephase, in der bei sanfter Hintergrundmusik Früchte und Tee gereicht werden, folgen die gewünschten individuellen Ganzkörper-Packungen. Die Krönung des Hammambesuchs sind orientalische Massagen mit Rosen-, Mandel-, Jasmin- oder dem südmarokkanischen Arganöl, die vitalisie-

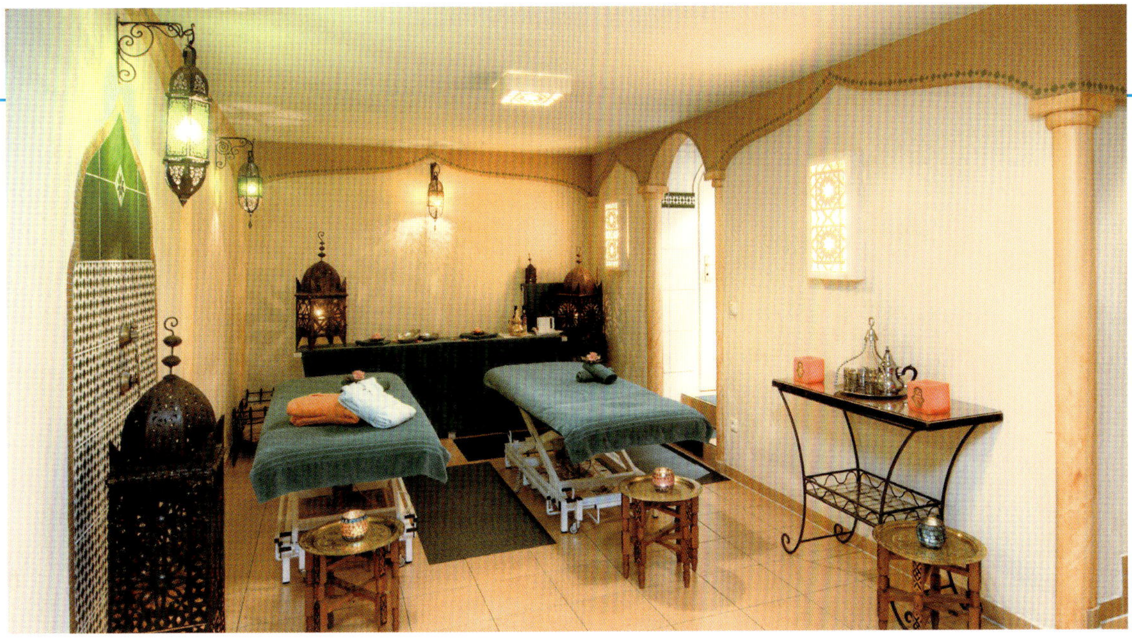

rend und entspannend wirken. Danach fühlt sich die Haut glatt und weich wie Alabaster an und verströmt einen herrlichen Duft. Regelmäßige Badegänge regen die Durchblutung an, lösen Verspannungen, stärken das Immunsystem und lindern die Beschwerden während des Klimakteriums. Arabische Frauen verbinden demgemäß mit einem Besuch des Hammam nicht nur ein Wohlfühlen, sondern auch ein Wohlergehen, weshalb sie sich beim Verlassen „sahha" wünschen – was „Gesundheit" heißt. Neben dem Hammam bietet Marien Rassam auch auf Naturprodukten basierende Schönheitsbehandlungen für Frauen und Männer an. Sie geht dabei sehr gefühlvoll vor und erspürt, was die Kunden für ihre Haut benötigen. Darauf aufbauend stellt sie ihre individuellen Anwendungen zusammen. Gerne greift sie dabei auf überlieferte Methoden ihrer Heimat zurück, wie die Fadenmethode zur Enthaarung. In Marien Rassams „Dalal" taucht der Gast ein in die Welt des Orients und erfährt unter all den liebevoll zelebrierten Behandlungen behutsame Zuwendung und Fürsorge; danach ist er erfüllt von Energie und Lebensfreude – letztlich von Geborgenheit und Liebe. Denn die Botschaft aus dem Orient an uns lautet: richtig gut zu sich selbst zu sein.

Glockenwirt Amerang

Glockenwirt Amerang
Familie Peter Traubinger

Bahnhofstraße 23
83123 Amerang

Telefon 0 80 75 / 82 63
Telefax 0 80 75 / 97 99
www.glockenwirt.de

Wenn ein Küchenchef nicht nur exzellent kocht, sondern seine Gäste mit seinen Kreationen auch überraschen, wenn nicht sogar verblüffen will und dafür keine Mühen scheut – dann sind wir bei einem wahren Küchenkünstler angelangt. In Amerang finden wir solch einen Ausnahmekoch im „Glockenwirt".

Das gediegene, gemütliche Restaurant mit seinem imposant ausgeleuchteten Gewölbe und dem beschaulichen Garten mit Oleandern und großen Nussbäumen deutet nicht gleich darauf hin, welch kreativer Kopf hier agiert. Seit 1996 führen Peter Traubinger und seine Frau Ruth das schmucke Lokal. Die Speisen wechseln regelmäßig bis auf wenige Klassiker – denn Peter Traubinger liebt die Herausforderung des Neuen. Bekannt ist er für die aufwendigen wie einfallsreichen Beilagen, die er als gleichwertigen Teil eines Gerichts erachtet, die dieselben hohen Anforderungen an die Kreativität und Virtuosität des Kochs stellen wie die Zubereitung von Fisch und Fleisch. So bereitet er seinem Spargel-Ragout ein Bett von schwarzen Beluga-Linsen und krönt das äußerst sehenswerte Arrangement mit frischem Koriandergrün und geschnittenen Erdbeeren. Die aus dem Inntal stammenden Frühlingsmorcheln füllt er mit einer feinen Farce aus Lachs. Für seine Polenta-Kräuter-Roulade wird die cremig zubereitete Polenta – einem Biskuit gleich – mit einer Fülle aus frischen Kräutern, Spinat und getrockneten Tomaten bestrichen, aufgerollt und in Scheiben serviert. Für seine Knödel verfeinert Peter Traubinger den leicht süßlichen Teig von Brioches mit in Rum getränkten Rosinen – eine Köstlichkeit, die sich vor allem zu Lammgerichten eignet. Doch auch die „Hauptakteure" seiner Kreationen bestechen in ihrer Raffinesse und fantasievollen Darbietung. Seine Perlhuhnbrust schmort er sanft mit Fenchelsamen und frischen Orangenscheiben in Weißwein; das Schweinefilet wird mit einer Fülle aus gebratenem Apfel, Curry und Rosinen bestückt, bevor er es sachte brät. Das Lammfilet präsentiert er als Ratatouille-Torte, bei

der der Reiberdatschi als Basis fungiert; hierauf schichtet er das Gemüse, das wiederum vom Lammfilet gekrönt wird. Das edle Rinderfilet vom hiesigen, neu gezüchteten Black-Welsh-Rind gart er in der Heuhülle. Dazu besorgt er sich das frische Heu einer unberührten Bergwiese – auf einem Quadratmeter versammeln sich hier rund 65 herrlich duftende Blüten und Kräuter. Das davon eingehüllte Rinderfilet nimmt während des Garens im geschlossenen Topf die Aromen wunderbar auf. Der Deckel wird erst bei Tisch gelüftet, sodass sich der unbeschreibliche Duft im Beisein des Gastes entfalten kann – der sich so inmitten einer blühenden Bergwiese wähnt. Sein Kalbsgeschnetzeltes tischt Peter Traubinger in einer rundum geschlossenen, rund zehn Zentimeter hohen Blätterteighaube auf, die zum Speisen zunächst aufgebrochen werden muss.

Ein Schelm, wer nun vermutet, ein Geist, der solch Kompositionen ersinnt, erfreue sich vor allem beim Anblick der Verblüffung im Angesicht des Gastes – nein, wer Peter Traubinger kennt, der weiß, dass seine größte Genugtuung darin besteht, anderen mit seinen „Kleinigkeiten" eine große Freude zu bereiten – und höchsten Genuss dazu.

Stiller Obinger See

Skulpturenpfad Obing

Skulpturenpfad Obing
Gemeinde Obing
Tourismusamt

Kienberger Straße 5
83119 Obing

Telefon 0 86 24 / 89 86-25
Telefax 0 86 24 / 89 86-513
www.vg-obing.de

Der Bürgermeister von Obing und Bildhauer Hans Thurner nutzte 1999 den idyllischen Rundweg um den Obinger See, um seiner Gemeinde und allen Interessierten die Begegnung mit zeitgenössischer Kunst zu erleichtern. Über 20 Skulpturen namhafter regionaler Künstler zieren nun das Ufer des Sees – und laden ein zum Dialog.

Die vorwiegend abstrakten Skulpturen aus Stahl, Holz und Metall lehnen sich teils an die Natur an oder sind konzeptioneller Art. Der Unterwössener Andreas Kuhnlein stellte seinen hölzernen „Mensch" in gewohnter Manier – von der Motorsäge zerklüftet – kniend auf. Das „Tor" von Rudl Endriss steht direkt am Weg, der Betrachter muss durch das Objekt schreiten. Die Stahlpfeiler tragen dabei einen großen Marmorblock, der als Last des Lebens zu interpretieren ist. Die nackte „Frau im Schilf" von Johann Stellner will die Besucher in ihrer naturalistischen Erscheinung überraschen. Michaela Biets Steinplatte im See symbolisiert mit ihren eingearbeiteten goldenen Kreisen die Ringe, die sich im Wasser abzeichnen, wenn ein Stein hineinfällt. Ute Lechner und Hans Thurner zeigen mit ihrer „Ganzheit" die Wertigkeit der Kugel, indem sie sie goldfarben, hochglanzpoliert und sichtbar erhöht auf einem Gestell positionieren. Hans Thurners Anliegen war es, die zeitgenössische Kunst aus dem elitären Umfeld der Galerien zu holen. Unwillkürlich eröffnen sich so einem großen Publikum die Formen und Aussagen der modernen Bildhauerkunst und liefern einen Anreiz, sich mit ihnen auseinanderzusetzen.

Ute Lechner – Hans Thurner

Ute Lechner

Kumpfmühle 2
83562 Rechtmehring

Telefon 0 80 76 / 97 83
Telefax 0 80 76 / 88 74 46
Mobil 01 70 / 8 04 04 05
www.utelechner.de

Hans Thurner

Landertsham 3
83119 Obing

Telefon 0 86 24 / 89 86-13
Telefax 0 86 24 / 89 86-513
Mobil 01 70 / 3 23 33 08
www.hansthurner.de

Die beiden Ausnahme-Künstler Ute Lechner und Hans Thurner arbeiten bereits seit 1979 zusammen. So gegensätzlich die beiden Persönlichkeiten und ihre Werdegänge sind – sie Berlinerin, die in Kassel Kunst studierte, er Obinger Bauer und Bürgermeister, der autodidaktisch zum Künstler wurde –, so spannungsgeladen harmonisch bilden sie ihre ausdrucksstarken Skulpturen.

Zu Beginn ihres Schaffens setzten sie ihre Ideen vorwiegend mit organischen Strukturen wie Holz und Leder um, mittlerweile verwenden sie dazu vor allem Metall. Mit ihren Kugeln aus rostigem Stahl und glänzendem Messing, die sie gemäß ihrer Aussage „Die Erde ist keine vollkommene Kugel", verletzt mit Einkerbungen und Spaltungen interpretierten, machten sie weit über die Region hinaus Furore. Ihre aktuellen Arbeiten sind nun Schalen, große wie kleine. „Abundantia" – lateinisch der Überfluss – liegt den Arbeiten als Thema zugrunde und soll in mehrfacher Weise im doppelten Sinn verstanden werden. So stellen Schalen letztlich Teile der Kugeln dar, die das Innere offenbaren. Sie dienen darüber hinaus zum Aufbewahren und Sammeln wie auch zum Ausfließen oder Ausschütten – von den Künstlern mit schwarzem Asphalt oder glänzendem Messing

dargestellt. Damit liegen die Werke ganz im Zeichen früherer Arbeiten, bei denen sich Ute Lechner und Hans Thurner immer wieder mit dem Thema „Sein und Vergehen" auseinandersetzten. Die Schalen-Objekte sind somit als Weiterentwicklung zu verstehen, als Evolution ihres fundamentalen Motivs „Vanitas" – der Vergänglichkeit. Auch die neue Arbeit von Ute Lechner variiert diese Thematik: Die große, aus rostigem Stahl gefertigte Skulptur erinnert in ihrer Form an ein verwachsenes Wurzelstück und symbolisiert das Aufbäumen der endlichen Natur. Hans Thurner huldigt der Sterblichkeit in neu interpretierter, traditioneller Weise: Seine beste Kuh im Stall ehrt er, indem er ihren Schädel mit einer „goldenen Blende" krönt. Die beiden Künstler leben und arbeiten in einer ehemaligen Mühle aus dem 12. Jahrhundert, die sie in den 1990er-Jahren sanft sanierten: Der ursprüngliche Charakter des Gebäudes sollte bewahrt bleiben und dennoch ein Wohnen und Leben nach heutigen Anforderungen und Vorstellungen möglich sein. Um die schlechte Dämmung zu beheben und dabei den faszinierenden Charme des uralten Gemäuers nicht zu schwächen, entschlossen sie sich 2006, einen Glasanbau zu realisieren. Mit ihm konnte der optische Eindruck sowie die original historische Mauer unversehrt erhalten bleiben; zudem dient er als Schutzmantel und Wärmespeicher für das Haus – und lässt darüber hinaus eine wunderbar gelungene faszinierende Symbiose aus Alt und Neu entstehen, die als private Galerie in bester Weise genutzt werden kann. Geplant ist ein weiteres architektonisches wie künstlerisches Glanzstück: Neben der Mühle entsteht ein acht Meter hoher Turm aus rostigem Stahl, der zwar – verbunden mit einem gläsernen Steg zum Haus – als Wohnraum genutzt wird, dennoch als Skulptur gedacht ist.

Josef Herzinger – Restaurator-Werkstatt

Restaurator-Werkstatt
Josef Herzinger

Ameranger Straße 2
83119 Obing

Telefon 0 86 24 / 89 19 28

Ganz in der Nähe der Obinger Ortsmitte finden Kundige ein wunderschönes baukulturelles Anwesen. Josef Herziger hat sein 1992 erstandenes, wertvolles Bürgerhaus aus der Zeit um 1870 in liebevoller Kleinarbeit, mit hohem Sachverstand und akkurater Detailtreue wieder in alter Pracht zum Erstrahlen gebracht.

Als der gelernte Restaurator, der zudem Kunstgeschichte und Gesang in München studierte, das denkmalgeschützte, bereits etwas baufällige Anwesen sah, packte ihn die Leidenschaft und der Ehrgeiz, dieses Kleinod zu retten. Bei den mühsamen und aufwendigen Arbeiten wollte der Purist möglichst zur ursprünglichen Substanz des Hauses vordringen. Vorsichtig wurden an den Fassaden und der Raumschale mittels Skalpell die obersten Farbschichten Stück für Stück freigelegt, um anschließend den ersten Bestand originalgetreu wiederherzustellen. Dabei entdeckte er eine kleine Sensation – im Inneren des Haupthauses sowie an der Fassade des Nebengebäudes kamen außergewöhnliche Wandmalereien zum Vorschein. Die besonders markante Groteskenmalerei am Giebel des Zuhäusls zeigt Motive allegorischer Figuren aus der antiken Sagenwelt. Beispielhaft für die Region, da viele Baukolonien norditalienischer Herkunft in dieser Zeit hier tätig waren und Elemente ihrer Kultur in die Bauten mit einfließen ließen. Im Inneren fand Josef Herzinger neben historischen Schablonenmalereien ein original Wandbild aus dem späten 19. Jahrhundert, das die damalige Obinger Ortsansicht mit längst vergessenen Gebäuden sowie dem Obinger Schloss zeigt – eine Rarität, auf die er besonders stolz ist. Für ihn besitzen die antiken Bauelemente der Neugotik wie das von Patina gezeichnete Treppengeländer, die filigranen Holzsägearbeiten am Giebel, die Pagoden-Kamine auf dem Dach sowie der bezaubernde, später angebaute Jugendstil-Balkon einen besonderen Charme und eine Aura, der man sich nur schwer entziehen kann. Josef Herzinger versteht sein Haus als anschauliches Zeitdokument und Musterexemplar angewandter Denkmalpflege, das er Interessierten auch gerne präsentiert. Mit seinem liebevoll restaurierten Haus will er – stellvertretend für

andere Bauten in der Region – Begeisterung und Verständnis für ein Kulturerbe schaffen, das es zu bewahren gilt.
Nach seiner Ausbildung und vielen Jahren an der Münchner Staatsoper war Josef Herzinger im europäischen Ausland wie dem umbrischen Assisi sowie lange Zeit im Schloss Maxlrain als Spezialist für die Restaurierung von Holzobjekten und der Lackkunst des 18. Jahrhunderts tätig. Für die Wiederherstellung der kostbaren Oberflächen setzt er spezielle Harzpolituren ein, die er nach historischen Rezepturen herstellt. 2003 verlegte er seine Werkstatt nach Obing. In den vergangenen Jahren konzentrierte sich Josef Herzinger mehr und mehr auf die Baudenkmalpflege – zurzeit ist er mit Arbeiten an einer barocken Klosteranlage betraut. Zu restaurieren bedeutet für den engagierten Wahl-Obinger, eine Beziehung mit den antiken Stücken herzustellen; dabei in einen Dialog mit der Historie zu treten und die Geschichten, die ihm die Antiquitäten erzählen, mit allen Erfahrungen und Erkenntnissen der Restaurierungskunst in die heutige Zeit herüberzuretten und die so wiederbelebten kostbaren Kulturgüter – in alter Schönheit – der nächsten Generation zu übergeben.

Maleen Stacheder – Kunst im Alten Pfarrhof

Anfragen unter:
Gemeinde Obing
Tourismusamt

Kienberger Straße 5
83119 Obing

Telefon 0 86 24 / 89 86-25
Telefax 0 86 24 / 89 86-513
www.vg-obing.de

Die Bilder von Maleen Stacheder bestechen in ihrer facettenreichen Vielfalt; sie ziehen den Betrachter in die surreale Welt der Künstlerin und berichten vom Licht in der Dunkelheit, von der Hoffnung in der Trauer – letztlich von der Zuversicht.

Der „Alte Pfarrhof", der urkundlich 1164 erstmals erwähnt wurde, war einst der Sommersitz der Äbte von Seeon, die hier schon Mozart beherbergten. Seit 1972 dient er der Künstlerin als Inspiration und charismatischer Rahmen zugleich und wurde zudem Teil ihres Schaffens. Denn Maleen Stacheder bemalt auch die Wände sowie die barocken Stuckdecken und Kreuzgewölbe mit ihren floralen Mustern und schafft so ein Gesamtkunstwerk, das seinesgleichen sucht. Viele Spiegel sowie bunt bemalte Glaselemente und -fenster bringen weitere Licht- und Glanzpunkte in die Räume und damit Heiterkeit in die märchenhafte Welt der Künstlerin. Maleen Stacheder, die seit ihrer Kindheit malt, studierte bei einem führenden Surrealisten an der Münchner Kunstakademie.
Nach Auftrag von Kardinal Ratzinger, dem heutigen Papst, fertigte sie 1992 für ihn den „Feldblumenstrauß am Fenster". Ihre fantastischen, teils indischen oder orientalisch anmutenden Motive entstehen in bis zu 40 hauchdünnen Lasuren und Schichten, was die Farbpigmente besonders erstrahlen lässt. Sie widerspiegeln die Schönheit der Welt, Licht und Schatten, aber auch Melancholie; gerne greift sie Themen alter Meister auf und interpretiert sie in ihrer ganz besonderen Weise. In aufwendigen Techniken schafft sie zudem Porträts von bizarrer Anmut – und wenn man schließlich Maleen Stacheder an ihrem Klavier inmitten ihrer Malerei spielen hört, erscheint es, als seien sie und ihre beseelte Kunst nicht von dieser Welt.

Traunstein – innovatives Mittelalter

In Traunstein werden das Brauchtum und die Traditionen nach wie vor hochgehalten. So ist der alljährlich am Ostersonntag mit viel Enthusiasmus zelebrierte Georgiritt, der eine Pferdewallfahrt zu Ehren des Heiligen Georg ist, noch immer eine der Attraktionen in der Stadt; er gilt als einer der schönsten Ritte dieser Art in Bayern. Dabei ziehen zwischen 400 und 500 festlich geschmückte Pferde, Wagen sowie historische Gruppen und Musikkapellen durch die Stadt hinauf zur Ettendorfer Kirche, wo die Pferde gesegnet werden. Am Traunsteiner Stadtplatz wird zudem zweimal der historischer Schwerttanz aufgeführt, der den Sieg des Frühlings über den Winter symbolisieren soll. Die Geschichte Traunsteins ist von verheerenden Stadtbränden geprägt, denen einst auch der beliebte Jacklturm an der Ostseite des Stadtplatzes zum Opfer fiel. Erst 1998 wurde er originalgetreu wiederaufgebaut und begrenzt nun wie ehemals den Platz in vollendeter Harmonie. Die Stadt kann zudem auf einige äußerst prominente Bürger verweisen – so verbrachte Papst Benedikt XVI. seine Jugend in Traunstein und besuchte hier das Erzbischöfliche Studienseminar St. Michael auf der Wartberghöhe; zudem feierte er seine Primiz in der am Stadtplatz gelegenen Kirche St. Oswald. Der 2005 eingerichtete Radpilgerweg „Benediktweg“, der die wichtigsten Stationen seines Lebens nachfährt, streift auch Traunstein und führt Interessierte zu den relevanten Plätzen im Ort. Die Tour wird auch als Stadtführung angeboten. Im September 2005 machte Traunstein seinen berühmten ehemaligen Bewohner zudem zum Ehrenbürger der Stadt. Vor der Kirche steht nun die Büste, die feierlich in Anwesenheit seines Bruders Prälat Georg Ratzinger enthüllt wurde. Ein weiterer berühmter Sohn der Stadt ist der Schriftsteller und Bühnenautor Thomas Bernhard, der hier am Taubenmarkt einen Teil seiner Kindheit verbrachte. Die Stadt hat ihm zu Ehren einen Thomas-Bernhard-Literaturspaziergang eingerichtet, der auch in einem geführten Rundgang erkundet werden kann.

Alljährlich sorgt das 2004 eingeführte Kammermusik-Festival „Chiemgauer Musikfrühling“, das in Traunstein sowie der nahen Umgebung mit zahlreichen

Jacklturm

Marienapotheke mit schöner Lüftlmalerei am Stadtplatz

Weltklassekünstlern aus verschiedenen Ländern aufwartet, für musikalische Furore. Es ist als musikalische Reise konzipiert, die am intensivsten wirkt, wenn sie an allen auserwählten, doch recht unterschiedlichen Standorten erlebt wird: 2009 sind als Veranstaltungsorte die traditionelle Spielstätte des Festivals, die Klosterkirche, der moderne puristische „Club Kafka", der sonst eher das Traunsteiner Nachtleben bereichert, sowie als Novität ein erstes und vielversprechendes Gastspiel außerhalb Traunsteins im Kloster Höglwörth vorgesehen, das den Veranstaltern als „perfekter Rahmen für ein festliches Treffen mit einem Meisterwerk von Johann Sebastian Bach" erscheint. Eine Woche lang vereinen sich hier nun zahlreiche klassische Konzerte mit Literatur, Fotografie und Film. Mit diesem genreübergreifenden Konzept wollen die Veranstalter verschiedene Künste lebendig miteinander verbinden und gegenseitige Beziehungen knüpfen. So wird als Ehrung zum 20. Todestages von Thomas Bernhard eine Thomas-Bernhard-Lesung – vorgetragen von einem Wiener-Burgtheater-Schauspieler – von Musik von Franz Schubert, Anton Webern und Erich Wolfgang Korngold begleitet; im „Club Kafka" untermalt den Überraschungs-Stummfilm eine intensive und feinfühlige Live-Musik. Das hochkarätige Musikfrühling-Ensemble wird sich zudem auch in diesem Jahr um sein jüngstes Publikum kümmern und diesem in der bereits traditionellen „Musikküche" neue musikalische Geheimnisse verraten. Der Chiemgauer Musikfrühling umfasst als weiteres innovatives Element die Ausstellung eines rumänischen Fotografen, der poetische Einblicke in unterschiedliche musikalische Kulissen gibt.

Eine eher unkomplizierte musikalische Untermalung erfährt das Chiemgauer Publikum bei der alljährlich veranstalteten Musikkulturnacht. Etliche Live-Bands und DJs sorgen mit Pop und Blues, mit bayerischen

Stadtpfarrkirche St. Oswald

Mondsichelmadonna an Hausfassade

oder rockigen Klängen in Wirtshäusern, Kneipen, Clubs und Discotheken rund um den Stadtplatz für ausgelassene Partystimmung. Gegen einen einmaligen Eintritt ist der Spaß in allen teilnehmenden Plätzen inklusive. Für all die Wochenenden, an denen keine kulturellen Höhepunkte in Traunstein zu verzeichnen sind, bleibt den Nachtschwärmern immer noch die extravagante Location des „Club Kafka". Er verfügt über eine weitläufige Galerie, eine moderne Lounge sowie eine Vielzahl an gemütlichen Sitzecken, an denen der Gast auch Kleinigkeiten essen kann. Im Ober- wie im Untergeschoss befindet sich je eine Cocktail-Bar. Die puristische Einrichtung, gekonnt installierte Lichtquellen sowie poppige Modefotos verleihen dem Club einen urbanen Touch. Für die stimmige Musik sorgen der Resident DJ sowie wechselnde, auch internationale DJs oder sie wird anhand von Motto-Abenden wie den 80's-Nights oder dem Funky Club inszeniert.

Kunst an der Südseite der St.-Oswald-Kirche: „Betende Hände" von Angerer der Jüngere

Ristorante Grissini

Ristorante Grissini
Freddy Schaffer

Stadtplatz 25a
83278 Traunstein

Telefon 08 61 / 2 09 70 55

Für Freunde der gehobenen mediterranen Küche ist das „Grissini" ein beliebter Treffpunkt. Im außergewöhnlichen Ambiente des Jacklturms mit seinem wunderbaren Ausblick auf den Stadtplatz lädt Freddy Schaffer mit kreativen Köstlichkeiten zu einer Schlemmerreise durch Italien.

Die Küche des Österreichers besticht durch seine außergewöhnlichen wie individuellen Kombinationen. Sein „Giro di Antipasti" avancierte zum beliebten Klassiker des Hauses. Hierbei tischt der diplomierte Sommelier bis zu 14 verschiedene kleine Vorspeisen auf, die in mehreren Gängen serviert werden: Hauchdünn geschnittener Prosciutto San Daniele oder di Parma, marinierte Gemüse sowie raffinierte Köstlichkeiten wie die sizilianische Arancini di Riso mit Orangen-Fenchel-Salat, die Wildlachstörtchen mit Sauerrahm und Kaviar, das Oliven-Espuma mit Hüttenkäse und Räucheraal oder im Frühling den Spargel auf friaulische Art, den er mit einer Ciabatta-Panade, Limette, Koriander und gehacktem Ei verfeinert. Einen Großteil seiner kulinarischen Verführungen kreiert er ständig neu, sein Ideenreichtum ist dabei beinahe unbegrenzt. Dazu findet der Gast stets einige Pasta-Gerichte wie die hausgemachten gefüllten Agnolotti, die er mit geschmolzenem Burrata, Ricotta, Spargel und Bärlauch anrichtet; ebenso je ein bis zwei Fisch- und Fleischgerichte wie einem im Tontopf geschmorten Seeteufel, den Freddy Schaffer mit Artischocken, toskanischen Taggiasca-Oliven, Kapern und Wildkräutern interessant interpretiert und mit gefüllten, frittierten Kürbis- oder Zucchiniblüten serviert. Heimischen Zander drapiert er als Involtini (Roulade), gefüllt mit Ingwer und Ananas, und fährt ihn mit mediterranem Couscous auf. Für sein Saltimbocca verwendet er gern das steirische Mangalitza-Schwein, dessen Topqualität an Kalbfleisch heranreicht. Seine

Perlhuhnbrust hüllt er in einen Mantel aus Lardo di Colonato, den toskanischen Bauchspeck, der während des Garens wundervoll dahinschmilzt und das Fleisch schön saftig werden und leicht nussig schmecken lässt. Wer sich bei dieser lukullischen Vielfalt nur schwer entscheiden kann, sollte sich mit einem der Menüs an der kreativen Küchenkunst von Freddy Schaffers ergötzen.

Die Liebe zum Kochen entdeckte der „einstige Hobbykoch“ und Sommelier des Jahres auf seinen Weinreisen durch Italien, wo er sich immer wieder in den Ristoranti Anregungen zur authentischen Zubereitung der dortigen regionalen Küche holte. Noch heute kocht er am liebsten spontan, lässt sich beim Einkaufen inspirieren und entscheidet dann, was auf den Tisch kommt. Gerne wandelt er Rezepturen immer wieder ab – denn mit all seinen Kreationen will er vor allem eins – den Gast überraschen.

Hairgottswinkel

Hairgottswinkel
Sabine Berger

Höllgasse 4
83278 Traunstein

Telefon 08 61 / 2 09 71 72
www.hairgottswinkel.de

Als Herrgottswinkel bezeichnet man jene Ecke in der Wohn- oder Gaststube, in der das Kreuz hängt. Stets ist dies der zentrale Platz im Haus, an dem man sich begegnet. Sabine Bergers „Hairgottswinkel" ist in übertragener Weise ein ebensolcher Ort; eine Heimstatt, an der sich der Gast wohlfühlen, entspannen und eins mit sich und seiner Haarpracht werden kann.

Das Ambiente, das Sabine Berger dazu schuf, ist großzügig und heimelig zugleich. Nichts erinnert an hinlänglich bekannte Friseursalons. Klare Linien und dunkle Farben vermitteln in Kombination mit exotischen Palmen, regionalen Hirschgeweihen und asiatischen Buddhafiguren eine ungemein angenehme, harmonisch puristische Atmosphäre. Gemütlich lädt der Wartebereich mit seiner eleganten Ledersitzecke zum Verweilen ein; der Blick in das zwei Meter große Aquarium lässt Zeit und Alltag schnell vergessen. Als Raumteiler genutzt, kann das faszinierende Szenario auch von zwei äußerst beliebten Salonplätzen aus verfolgt werden. Während die Süßwasserfische still und ästhetisch ihre Runden drehen, lässt das leise Plätschern des Wassers Ruhe und Entspannung einkehren – und die Zeit des Aufenthalts wie im Fluge vergehen. Die Behandlung beginnt mit einer Kopfmassage, je nach Bedarf mit einem entspannen-

Intention ausleben, sich dem Kunden so widmen, wie sie es für richtig und wichtig hält. Mit ihrem ausgeprägten Gespür für Menschen stellt sie sich einfühlsam auf die jeweiligen Bedürfnisse ein und versucht, ihrem Kunden für die Dauer seines Aufenthaltes das Gefühl zu geben, alles zu bekommen, was er und seine Haarpracht im Moment dringend benötigen. Denn, wenn der Mensch sich schön fühlt, geht es ihm gut – dann ist er glücklich.

den oder anregenden Öl. Männlichen Kunden legt das Team um Sabine Berger zudem nach dem Waschen, Schneiden und erneutem Waschen eine heiße Kompresse in den Nacken, verwöhnt sie mit einem duftenden Öl und nach der Rasur mit einem kühlenden Aftershave. Auf ihren rund 100 Quadratmetern hat die Friseurmeisterin lediglich fünf Sitzplätze eingerichtet – was viel Raum für eine persönliche wie diskrete Behandlung sowie ausreichend Zeit für eine intensive Beratung gestattet. Spezialisiert hat sich die agile junge Traunsteinerin auf Kurzhaarfrisuren und den Schnitt von lockigem Haar. Bei ihren Styles setzt das Team vom „Hairgottswinkel" gerne konkrete Vorstellungen um; lieber aber deckt es durch genaues Zuhören und Nachfragen die „geheimen" Wünsche seiner Kunden auf – und verhilft so letztlich jedem zu seiner Traumfrisur.
Haare schneiden wollte Sabine Berger seit jeher; die intensive Arbeit mit und am Menschen begeistert sie nach wie vor. Zügig startete sie ihren Werdegang, machte sich bereits wenige Jahre nach der Ausbildung und dem Abschluss der Meisterschule mit 21 Jahren selbstständig. In ihrem ersten, nur 38 Quadratmeter großen Salon hatte sie gerade Platz für drei Kunden. Furore machte sie damals mit der gelungenen wie doppelsinnigen Namensgebung – „Beichtstuhl"; was allerdings nicht bei jedem Anklang fand. Seit 2008 führt sie nun ihren „Hairgottswinkel", der kurioserweise in der Höllgasse liegt. Hier kann sie ihre wahre

Luise Bauer

Luise Bauer
Rudi und Luise Bauer

Schaumburgerstraße 17
83278 Traunstein

Telefon 08 61 / 6 97 15
Telefax 0 86 62 / 1 29 76
www.luise-bauer.de

Wer den Charme antiker Möbel schätzt und dennoch nicht antiquiert wohnen möchte, der kann sich im bezaubernden Geschäft von Rudi und Luise Bauer in bester Weise inspirieren lassen. Auf zwei Etagen präsentieren die beiden ihren sehr persönlichen Wohnstil.

Die Leidenschaft für Antiquitäten sowie die Liebe zu stilvoller Wohnkultur ließ Rudi und Luise Bauer seit jeher auf Flohmärkten in Deutschland, Frankreich und Belgien stöbern. Dort wurden sie fündig und sie begannen zu sammeln, zu restaurieren und schließlich zu handeln, zunächst noch im Nebenerwerb. 1986 widmete sich die gelernte Kinderpflegerin Luise Bauer dann ausschließlich ihrer Passion und eröffnete ihr Geschäft, das seit 1999 nun am Taubenmarkt steht. Auch Rudi Bauer stellte sich einige Jahre später ganz in den Dienst seiner Leidenschaft und gab den bisherigen Posten als Bankkaufmann auf. Was zunächst mit antiken Möbeln begann, wurde mit der Zeit um Stoffe, Kerzen und Lampen ergänzt – kurzum, um alles, was Haus und Garten wohnlich und gemütlich macht. Dabei pflegen die beiden einen sehr persönlichen Stil, arrangieren so, wie sie es zu Hause tun würden. Und vielleicht verbirgt sich dahinter ihr Erfolgsrezept, denn gleich beim Betreten des hübschen Geschäfts fühlt man sich

ausgesprochen wohl: Es duftet fein nach edlen Seifen aus der Provence, die mit Badezusätzen und Raumdüften um die olfaktorischen Sinne des Betrachters wetteifern. Dem Auge wohltuend dargeboten reiht sich alles in farblicher Harmonie. Selbst die Regale im Hintergrund sowie alle Details fügen sich diesem ästhetischen Schema. Dabei wirkt alles leicht und wie von Zufallshand positioniert. Doch in Wahrheit dekoriert Luise Bauer sehr aufwendig, besorgt eigens große Strohballen sowie Reiterstiefel und Sattel von der Pferde liebenden Schwester, um ihre edlen wollenen Decken in absolut authentischer Atmosphäre zu präsentieren. Im oberen Stockwerk findet der Gast zudem ein umfangreiches exquisites Stoffsortiment, das nach Wunsch Vorhänge, Sitzmöbel, Kissen oder Lampen ziert. Ihr im französischen Landhausstil gehaltenes Sortiment interpretieren die Bauers bajuwarisch. So beherbergen provenzalische Übertöpfe stets heimische Pflanzen. Ihre antiken Möbel arrangieren sie gern mit modischen Stoffen oder Accessoires und setzen so gelungene Akzente. Oft auch ungewöhnliche, wenn sie zierliche Hauspantoffeln in der stimmigen Schale auf dem Tisch drapieren. Hie und da animieren interessante Bildbände zum Schmökern. Alles steht zum Verkauf parat, auch Schränke und Regale, die statt freudloser Einbauten die Accessoires geschmackvoll zur Schau stellen. So verändert sich das Ambiente bei Luise Bauer ständig – zieht jedes weichende Stück es nach sich, dass neu kombiniert und arrangiert werden muss und sich damit alles wieder zu einem neuen harmonischen Ganzen fügt.

Die Lust am Dekorieren und die Freude an schönen Dingen ist zum Lebensinhalt von Luise und Rudi Bauer geworden – in ihrem Lifestyle-Kaufhaus finden auch alle anderen Schöngeister ihre Erfüllung.

Pasta Arte

Pasta Arte
Doris Hohlneicher

Taubenmarkt 5
83278 Traunstein

Telefon 08 61 / 1 62 62
Telefax 08 61 / 1 62 62

Für die Fotografin und Genießerin Doris Hohlneicher ist ein Bild gelungen, wenn es Bekanntes offeriert und den Betrachter dann doch mit Unerwartetem überrascht. Ganz so verhält es sich auch mit ihrem „Pasta Arte", das mit Kontrasten geradezu genüsslich spielt.

Das schlichte Interieur der heimeligen Trattoria lässt nicht gleich auf die feine Küchenkultur des Hauses schließen. Der Gast sitzt unter dem jahrhundertealten Gewölbe an blanken Holztischen mit Blick in die kleine offene Küche. Deren Spezialitäten – zu lesen auf der großen Schiefertafel – offenbaren, dass im „Pasta Arte" nicht nur der Charme Italiens zu Hause ist, sondern auch der erlesene Geschmack eine Heimstatt hat. Die Küche bietet – neben Klassikern wie Spaghetti aglio e olio und Penne all´arrabbiata – vor allem ungewöhnliche Kreationen wie Jakobsmuscheln auf getrüffelten Beluga-Linsen, Tagliolini mit Scampi-Bolognese oder einen Spieß mit Wildschweinfilet und Salsiccia auf Polenta. Die Farbharmonie der ungemein aromatischen wie vortrefflich mundenden Köstlichkeiten steht in wunderbarem Kontrast zum rustikalen Charakter des Hauses und der ungezwungenen familiären Stimmung. Vieles in der Trattoria stammt aus dem persönlichen Fundus der Chefin – manch einer speist an ihrem alten Küchentisch. Ihre gelungene Fotografie des typisch italienischen „dolce far niente" scheint wie geschaffen zu sein für das „Pasta Arte" und seine lässig-feine Art zu genießen – schlicht und reduziert mit Blick auf das Wesentliche – mehr braucht es nicht, um glücklich zu sein.

Altra Moda

Altra Moda
Peter Blösl

Taubenmarkt 7
83278 Traunstein

Telefon 08 61 / 82 25
Telefax 08 61 / 1 61 22
www.altramoda.de

Schlichte Eleganz in bester Qualität – so könnte man Peter Blösls erlesene Mode kurz umschreiben. Seine bevorzugten Labels präsentieren ihren Schick eher „leise“ und überzeugen in bester Passform.

Besonderen Wert legt der Traunsteiner bei aller modischen Aktualität auf traditionelle Handwerkskunst, brillante Schnittführung sowie auf exquisite, möglichst natürliche Materialien. Ein Großteil seiner Labels sind Traditionsunternehmen, die seit Jahrzehnten für ihre nach- und werthaltige Arbeit bekannt sind: So stammen seine ohne Enzyme gefertigten stonewashed Jeans aus Italien; seine englischen oder irischen Hersteller stricken ihre wohlig-weichen Pullover authentisch auf alten Webstühlen und seine österreichische Schuhmanufaktur verarbeitet ihre traditionellen kalbs- oder bisonledernen Halbschuhe und Stiefel noch von Hand. Bester Tragekomfort verbindet sich so mit langer Haltbarkeit, modische Aktualität mit distinguierter Eleganz – vereint ein Garant für pures Wohlbefinden in einem stilvollen Gewand, das schnelllebigen Trends leicht standhält. Für Peter Blösl darf Mode nie overdressed wirken, sondern muss bei aller Qualität alltagstauglich sein und schlichtweg gut kleiden. Vor allem aber soll sie den Träger angenehm und behaglich umhüllen – damit der Tag schon am Morgen mit einem schönen Detail beginnt.

Munteres Treiben am Traunsteiner Stadtplatz

Manjas

Manjas
Manja Wolf-Voit

Haslacher Straße 16
83278 Traunstein

Mobil 01 60 / 94 92 31 95
www.manjas-cantina.de

Ernährungsbewusste Menschen plagt mittags oft nicht nur der Hunger, sondern auch die Frage, wo man schnell und gesund speisen kann. Das reizende Bistro „Manjas" der gleichnamigen Traunsteinerin schafft Abhilfe – ihr täglich wechselndes kulinarisches Angebot bietet eine gelungene Alternative zum herkömmlichen Mittagstisch – und darüber hinaus jede Menge Spaß und Lebensfreude.

Schon von weitem leuchten die apfelgrün gehaltenen Fenster und Geländer, sie weisen dem Unkundigen den Weg ins „Manjas". Farbenfroh strahlt auch das Innere des ehemaligen Bio-Geschäfts in den Lieblingsfarben der jungen Inhaberin. Überhaupt geht es in dem kleinen, sechs Hochtische zählenden Bistro unkonventionell zu. Doch auch wenn Tassen und Teller sowie das meiste des Interieurs vom Flohmarkt stammen und in Stoßzeiten die Speisen schon mal von einem Gast durchgereicht werden, bei der Zubereitung ihrer Speisen macht Manja keine Zugeständnisse. Ihre vorwiegend aus Bio-Produkten hergestellten Spezialitäten sind von bester Qualität, die Gewürze werden frisch im Mörser zerrieben und stets schmücken Kokos-Chips, gerösteter Sesam oder herrlich duftende Gewürzblütenmischungen ihre Kreationen – ganz gleich, wie groß die Hektik ist. Am liebsten kocht Manja exotisch, auch klassischen Gerichten fügt sie mit ungewöhnlichen Geschmackskomponenten noch eine besondere Note bei. So ihrem mit Apfel und Kürbis verfeinerten Kartoffelgratin, den asiatisch mit Chili, Koriander und Zimt interpretierten und mit Mangosauce kredenzten Hackbraten sowie ihre Käsespätzle, die sie mit

Ziegenkäse und Rosmarin veredelt. Sehr beliebt sind auch ihre Gerichte aus dem original marokkanischen Tontopf Tajine, in den sie Lamm mit Bohnen, Kichererbsen, Kartoffeln sowie getrockneten Aprikosen schichtet und mit Orangensaft und Anis abschmeckt. Ihre Salate serviert sie mit einem hausgemachten Dressing aus Preiselbeeren, Senf, Aceto Balsamico und Honig; der Gast kann sich dabei seine Sorten individuell zusammenstellen. Auf Wunsch liefert sie ihre Speisen auch außer Haus; so an heimische Schulen oder ins Büro. Zudem stattet sie für Feiern aller Art ein mit ihren kreativen Köstlichkeiten herrlich drapiertes Buffet aus, das vom Schweinsbraten mit Knödel über Zitronengras-Kokos-Pangasius-Curry bis hin zum Fingerfood mit Kaspress-Pfifferlings-Knödel, Steinpilz-Bruschetta oder Maronen-Feigen-Tramezzini allerlei Variationen aus ihrer Küchenkunst bietet. So kontrastreich ihre Speisen, so unterschiedlich sind auch ihre Gäste, die sich täglich einfinden – Notare, Sekretärinnen und Banker sitzen einvernehmlich und genießend neben Schülern oder typischen Öko-Fans. Allen gemein ist der Sinn für eine gesunde wie ernährungsbewusste Kost – und ein Faible für die etwas andere Art des Genießens. Mit ihrem herrlich bunten Angebot und ihrer ansteckend fröhlichen Art bringt Manja Heiterkeit auch in den tristesten Alltag. Ihre Intention liegt dabei jedoch weniger im Vermitteln von Freude als vielmehr im Verbreiten der Botschaft, dass man gute und gesunde Mahlzeiten schnell und preiswert darbieten kann – und das in vielfacher Weise.

w. raum – Planung + Einrichtung

w. raum – Planung + Einrichtung
Sebastian Wagnerberger
Dipl.-Ing. Innenarchitektur (FH)

83339 Chieming

Telefon 0 86 64 / 92 81 51
Mobil 01 72 / 8 91 71 95
www.wagnerberger.de

Wer sich nicht entscheiden kann, ob er nun im alpinen Stil oder doch lieber modern baut, findet in Sebastian Wagnerberger und seinem „w. raum" den idealen Partner. Sein Planungs- und Einrichtungsbüro entwickelt Konzepte, die die hiesige ländliche Architektur zeitgemäß interpretieren und so pure Moderne mit authentischer Gemütlichkeit kombinieren.

Der gelernte Schreiner und diplomierte Innenarchitekt eröffnete 2001 sein Planungs- und Einrichtungsbüro in Traunstein; ab Herbst/Winter 2009 ist es im neu erbauten Musterhaus in Chieming untergebracht. Sein junges erfahrenes Team plant und realisiert Um- wie Neubauten von der Neugestaltung kleiner Wohnsegmente bis hin zum komplexen Erstellen ganzer Hotelanlagen. Dabei beinhalten seine Konzepte auf Wunsch alle Maßnahmen von der Genehmigungsplanung über den detaillierten Entwurf der Innenausstattung bis hin zu allen Feinheiten, die ein besonderes Raumerlebnis entstehen lassen. Dieses ganzheitliche Vorgehen ermöglicht, dass schon frühzeitig beim Grundriss Aspekte wie Lichtplanung, ausreichende Stellflächen für Mobiliar oder spannende Blickachsen eingearbeitet werden können, die später bei der detaillierten Innenraumgestaltung von Bedeutung sind. Bei all seinen Entwürfen berücksichtigt Sebastian Wagnerberger stets die individuellen Wünsche und Anforderungen der Bauherren. Dennoch liegen dem alteingesessenen Chiemgauer die Wahrung des hiesigen alpinen Stils und die Grundlagen der heimischen Baukultur besonders am Herzen – seine Intention ist es, sie zu bewahren, indem er sie analysiert und neu interpretiert. So empfiehlt er beispielsweise zur zukunftsorientierten Erhaltung des bisherigen „Urlaub auf dem Bauernhof" die Gästezimmer zu authentischen, aber zeitgemäß ausgestatteten Ferienwohnungen umzugestalten. Der Gast soll sich in einer Wohlfühlatmosphäre wiederfinden, die ihn die Region und seine Menschen auf ehrliche Art erleben lässt, ohne dass er auf den gewünschten gehobenen Komfort verzichten muss. Dabei soll die traditionelle Handwerkersprache gewahrt bleiben und stets erkennbar sein, aber mit moderner Technik

einhergehen, was manchen historischen Räumen einen geradezu spannungsgeladenen Charme sowie eine faszinierende Ausstrahlung verleiht. Sebastian Wagnerbergers Ideen berücksichtigen hier vorwiegend heimische Materialen wie Holz und Stein, die er mit regionalen Stoffen wie Loden oder Hirschleder für Bezüge und Vorhänge verwendet sowie mit stimmigen Accessoires wie den obligatorischen Geweihen – gern „zweckentfremdet“ als Leuchten – kombiniert. Das bewusste Reduzieren der antiken Räumlichkeiten hebt gerade deren unvergleichliche Schönheit hervor, die durch den Einsatz moderner Lichtinstallationen zudem gekonnt in Szene gesetzt werden. Diese Vorgehensweise lässt sich auch wunderbar im Außenbereich anwenden. Hier plant Sebastian Wagnerberger bei Neubauten gern teilweise traditionelle Elemente ein, wie nach hinten versetzte Fenster oder die typisch überstehenden Dächer. Damit die Kombination von Alt und Neu trefflich gelingt, muss nach Sebastian Wagnerberger sich ehrliche Tradition mit Hightech harmonisch vereinen – dabei aber der Respekt vor der Historie ebenso zu spüren sein wie der Mut zu Neuem.

Calla – Art of Fashion

Calla – Art of Fashion

Bahnhofstraße 16
83278 Traunstein

Telefon 08 61 / 16 57 16
Telefax 08 61 / 2 09 23 26
www.aufmodesehen.de

Wer stilvoll shoppen will, findet in Traunstein eine Adresse, deren Sortiment gehoben, aber nicht abgehoben ist. Das „Calla" präsentiert seine elegante wie aktuelle Mode im schönsten Jugendstilhaus Traunsteins, umgeben von einem ungemein erlesenen Ambiente.

1996 eröffnete Rainer Eineichner in Traunstein sein erstes Geschäft in der Ludwigsstraße. Bereits 1999 expandierte das „Calla" und integrierte benachbarte Räume; 2002 kam mit „Calla Classic" ein zweiter Betrieb hinzu; 2003 zog das „Calla"-Team dann in das heutige bezaubernde Jugendstilhaus und fand damit den stimmigen Rahmen zur Präsentation seiner eleganten Modelle. Schon allein die antike Hinterglasmalerei sowie die bezaubernden Holzvertäfelungen der Innenräume sind hier eine Augenweide. Von Anfang an setzte „Calla" auf ein exklusives Interieur – zwei elegant in Form geschnittene Buchsbäume am Eingang flankieren den Weg ins Haus – sowie eine äußerst zuvorkommende Beratung. Das an-

tike Mobiliar stammt von ausgesuchten Flohmärkten aus dem Süden Frankreichs, so die großen antiken Spiegel, die schweren Sessel und reizende Accessoires wie die kleinen verschnörkelten Hutständer. Im Zentrum des Ladengeschäfts prunkt ein pompöser Kristalllüster, der die Abendgarderobe beim Probelauf vor den meterhohen Spiegeln ins rechte Licht rückt. Die Auswahl der schillernden Kleider und Kostüme ist grandios: Ob kurz oder lang, aus edler Seide oder schimmerndem Chiffon, mit Pailletten, Federn oder Glitzersteinen besetzt, mit Schlitz oder gewagtem Dekolleté – jede Frau findet hier das passende Modell, mit dem sie ihr Fest zum Strahlen bringt. Passende Schuhe, stilvolle Mäntel und charmante Jacken sowie stimmige Accessoires wie ausgefallene Taschen, feine Schals und verführerische Handschuhe runden das umfassende Sortiment ab. Um sich schon beim Umkleiden fürstlich zu fühlen, stehen den Kunden gemütliche wie großzügige Kabinen zur Verfügung. Daneben bietet „Calla" trendige Damen-, Herren- und Kindermode für jeden Anlass. Aus der Vielfalt der Hersteller wählt das zehnköpfige Team mit Bedacht aus und greift dabei gern zu klaren Schnitten, eher zu unifarbenen als zu bunten Modellen und immer auch zu Ausgefallenem. Eine geschmackvolle Schuhauswahl rundet das umfassende Sortiment bei „Calla" ab und wartet auf rund 70 Quadratmetern mit schicken, sportlichen wie modischen Modellen auf. Im benachbarten „Calla Classic" überwiegt ein klassisches zeitloses Sortiment. Das im englischen Clubstil ausgestattete Interieur vermittelt mit seinem Scheinkamin und den schweren Clubsesseln ein distinguiertes Understatement, das zudem von einem Hauch Kolonialstil umgeben ist. Die Beratung im „Calla" ist stets typgerecht; der Kunde soll das Modell finden, das zu seiner Persönlichkeit passt und in dem er sich wohlfühlt. Für den Hausherrn besticht vor allem die Mode, die in ihrer reinen Schönheit und ihrer schlichten Kontur pure Eleganz vermittelt – und somit ganz so ist wie seine Lieblingsblume – die Calla.

Carmen Mühlbacher

Unikate aus Schwemmholz
Carmen Mühlbacher

Pfarrer-Jäger-Straße 8
83329 Otting

Telefon 0 86 81 / 13 99
www.schwemmholzunikate.de

Wenn andere dem Ruf der Berge folgen, zieht es Carmen Mühlbacher an Seen und Flüsse. Ihr Interesse gilt dabei weniger dem sanften Spiel der Wellen als vielmehr dem, was sie ihr zu Füßen legen.

Schon immer hegte Carmen Mühlbacher eine Leidenschaft für Meer und Wasser – ihr Heim zieren viele Muscheln, Leuchttürme und Boote. Als ihr einst am hiesigen Strand ein Ast auffiel, der einem Schiff verblüffend ähnelte, konnte sie nicht umhin, ihn mitzunehmen und mit einem leinenen Segel zu „vervollkommnen". Dem Erstling folgten weitere „gestrandete" Boote, die alsbald auch Freunden und Bekannten gefielen. Mittlerweile sammelt sie mit ihrem Mann Michael und den Töchtern Sonja und Simone regelmäßig an ausbaldowerten Stellen ihre oft bizarren Hölzer, die in faszinierender Weise von Wellen, Sand und Steinen glatt geschrubbt sind. Die gelernte Zahntechnikerin lässt daraus bezaubernde Kunstwerke entstehen – Lampenfüße, Kerzenständer, Rahmen oder Kränze, die in ihrer natürlichen Grazie bestechen. Dabei geht sie akribisch wie authentisch vor und versieht ihre Objekte stimmig mit antiken Seilen, Schlüsseln oder Nägeln. Bis solch ein Kunstwerk vollendet ist, kann etwas Zeit vergehen, denn alle Fundstücke müssen einem Puzzle gleich optisch wie figürlich harmonisch zusammenpassen. Äußerst stimmungsvoll ihre aktuellen Schöpfungen, die mit alten Handschriften oder Fotografien versehen sind. Mit ihren reizenden Kreationen verhilft Carmen Mühlbacher der vollendeten Einfachheit der Natur zu einem kunstvollen Podium – und altem verwittertem Holz zu neuer Anmut.

Feiern vor grandioser Alpenkulisse

Kampenwand

Das Ostufer des Chiemsees ist gekennzeichnet von breiten Sand- und Kiesstränden, die zum Baden förmlich einladen. In Übersee befindet sich in der Feldwieser Bucht ein schöner langer Sandstrand, der bis zum Naturschutzgebiet und Mündungsdelta der Tiroler Achen führt, die dort in den Chiemsee fließt. Hier hat sich das größte Strandbad am Chiemsee angesiedelt; es bietet mit einem rund 800 Meter langen Sandstrand und 50 Quadratmetern Liegewiese einen wunderbaren Platz zum Schwimmen, Relaxen und Wohlfühlen. Damit es den Besuchern auch wirklich nicht langweilig wird, steht neben dem Restaurant, das auch Frühstück anbietet, eine Premiere-Sportsbar zur Verfügung, an der die aktuellen Sportanlässe live zu verfolgen sind; wer selbst aktiv werden will, findet einen kleinen Fußballplatz und die Möglichkeit zum Tischtennis-, Beach- sowie Wasser-Volleyballspielen. Die Verbindung zum World Wide Web ist kostenlos

über WLAN möglich. Zur Stärkung stehen Grillspezialitäten wie auch Steckerlfische zur Verfügung. Besonders bezaubernd ist die „Palma Beachbar", die unmittelbar von der Brandung des Chiemsees aufgebaut wurde: Unter dem Knistern des Lagerfeuers, dem Licht der zahllosen Fackeln und Kerzen, den Klängen stimmungsvoller Musik sowie dem Rauschen der Wellen fühlt man sich bei coolen Drinks und fruchtigen Cocktails in der Dämmerung ganz schnell in südlichere Gefilde versetzt. Die Atmosphäre erreicht ihren Höhepunkt, wenn die Witterung dem Gast einen dieser sensationellen Sonnenuntergänge beschert, den auch die Chiemgauer nicht oft genug bestaunen können. Tagsüber findet der Gast Massageliegen vor, an denen er sich mit Blick in die Chiemgauer Alpen und unter einer leichten kühlen Brise vom See gegen Gebühr von fachmännischen Händen durchkneten lassen kann.

Ein weiteres Highlight am See, das seit 1995 „Karibikfeeling vor der Alpenkulisse" bietet, ist der „Chiemsee Reggae Summer" in Übersee – europaweit eines der größten Offbeat-Festivals, das Jahr für Jahr rund 25 000 Besucher anzieht. Sie stammen vorwiegend aus Süddeutschland und Österreich, kommen aber auch aus ganz Europa. Auf drei Bühnen sorgen rund 60 Bands an drei Tagen inmitten der Natur unweit der Tiroler Achen für heiße Rhythmen und ausgelassene Stimmung bis weit in den frühen Morgen: Neben Reggae stehen stets auch Dancehall, HipHop, Funk, Soul, Rock und Pop sowie Worldmusic auf dem umfangreichen Programm. Die Gäste können ihre leichte lebensfrohe Stimmung im bayerisch-jamaikanischen Biergarten vor der herrlichen Kulisse der bayerischen Alpen bei frisch gezapftem Bier sowie exotischen Cocktails zelebrieren oder in der Gastrozeile Köstlichkeiten aus aller Herren Ländern genießen, tagsüber in vielen Ruhebereichen chillen und abends unter Palmen bei pulsierenden Beats bis in die frühen Morgenstunden „karibisch" tanzen, flirten und feiern. Die etablierten Künstler, echten Legenden und Newcomer stammen aus Jamaika, Afrika, den USA sowie dem Rest der Welt. Dabei treten natürlich immer wieder auch aktuelle Shootingstars wie 2009 Peter Fox auf, der bei der Echo-Verleihung

Karibik-Feeling beim „Chiemsee Reggae Summer" in Übersee

sowie dem Bundesvision Song Contest äußerst erfolgreich seine Preise einheimste. Ihm ist das Überseer Festival zudem bereits von seinen Auftritten mit der Band Seeed bestens bekannt. Daneben finden sich auch regionale Künstler wie der bayerische Querdenker und „Volkssänger" Hans Söllner, der für seinen „Bajuwaren-Reggae" sowie seine bissigen gesellschaftskritischen Texte bekannt wie beliebt ist. Auch die hiesige La Brass Banda tritt 2009 auf, die mit ihrer Mischung aus bayerischer Mundart, Balkan-Beats sowie Karibik- und Mariachi-Klängen ihre oberbayerischen Wurzeln nicht verleugnen, dafür aber die Augen und vor allem die Ohren für Neues offen halten will. Mit ihrer Interpretation der traditionellen Blasmusik wollen die Musiker zeigen, dass bayerische Klänge nicht nur dazu taugen, Bierzelte zu füllen, sondern auch die angesagten Clubs zum Toben zu bringen – was ihnen bestens gelingt.
In Ruhpolding lockt ein ganz anderer Event scharenweise ein internationales Publikum in den beschaulichen Ort – der Biathlon-Weltcup in der Ruhpoldinger Chiemgau-Arena konnte 2009 rund 94 500 Zuschauer verzeichnen, die die Athleten aus aller Welt lauthals unterstützten. Neben dem thüringischen Oberhof ist das oberbayerische Ruhpolding offizieller Austragungsort des alljährlich stattfindenden Wettkampfs. Dass dabei neben den sportlichen Höchstleistungen der Biathlon-Stars auch der Spaß und die Freude nicht zu kurz kommen, sorgt ein stimmungsvolles wie umfangreiches Rahmenprogramm. So finden täglich Feste und Partys statt – beginnend mit der offiziellen Eröffnungsfeier mit dem Einmarsch der Nationen sowie dem großen Feuerwerk am Abend im Championspark. Später können sich die Gäste hier auf der Open-End-Party austoben, an den folgenden Abenden den großen bayerischen Biathlon-Abend begehen sowie im Kurhaus bei DJ-Nights die Nacht durchtanzen – wobei sich das Feiern auch an Glühweinständen oder Schneebars in den Straßen von ganz Ruhpolding fortsetzt.

Seilbahn zur Kampenwand

Aschau

Hotel Gasthof Alpenblick

Hotel Gasthof Alpenblick
Reiner Fembacher

Schönblickstraße 6
83346 Bergen-Holzhausen

Telefon 0 86 61 / 3 18
Telefax 0 86 61 / 80 56
www.gasthofalpenblick.de

Wer in liebevollem Ambiente eine fein interpretierte authentische Schmankerl-Küche genießen möchte, findet im „Gasthof Alpenblick" einen stilvollen Rahmen – und mit Inhaber Reiner Fembacher einen engagierten Koch, der die Küchen dieser Welt bestens kennt.

Der gebürtige Traunsteiner stammt aus einer Kochfamilie, deren Tradition er nun in der vierten Generation fortführt; bereits mit zehn Jahren agierte er gekonnt am Herd. Nach der Ausbildung zum Konditor in Zürich und der anschließenden Kochlehre im elterlichen Haus machte er sich auf zu einer drei Jahre währenden Reise um die Welt. In rund 70 Hotels und Restaurants aller Kontinente sammelte er Erfahrung – und verdiente damit die Kosten der Reise. Seit 2007 führt er nun die Küche im „Gasthof Alpenblick"; 2009 übernahm er das Haus. Trotz der Vielfalt der Speisen und Zubereitungsarten, die Reiner Fembacher in seiner „Globetrotter-Zeit" kennenlernte, setzt er hier auf eine authentische bayerische Küche, die er modern und gesund interpretiert. Fleisch und Gemüse stammen vorwiegend aus der Region und bleiben möglichst in ihrer natürlichen

Form belassen. Für seine Saucen bereiten Reiner Fembacher und sein Team hausgemachte Kalbsfonds zu, die er stundenlang sanft köcheln lässt. Gerne greift der Traunsteiner auf historische Rezepturen zurück wie dem altbayerischen Rehragout, das er nach guter alter Manier mit dem Rippenstück des Rehs schmort. Nach Ende der Garzeit entbeint er den Knochen und fügt das besonders zarte Fleisch dem würzigen Ragout hinzu; die herrlich aromatische Sauce verfeinert er mit etwas Bitterschokolade und kredenzt das köstliche Gericht mit feinen hausgemachten Butterspätzle. Ebenso finden sich neben seinen Standardgerichten auf der wechselnden Wochenkarte althergebrachte Schmankerln wie der Kaspressknödel, den er mit Bärlauch raffiniert kombiniert und in einer herzhaften Rinderkraftbrühe serviert. Für das einst sehr bekannte Münchner Zwiebelfleisch gart er den Tafelspitz mit Zwiebeln in einer Dunkelbiersauce; so wie früher üblich tischt er sonntags den obligatorischen Schweinskrustenbraten aus dem Rohr mit Dunkelbiersauce und Semmelknödel auf. Bei aller Liebe zur Heimat blitzen aber immer wieder auch Glanzstücke seiner globalen Küchenimpressionen in der Holzhausener Speisenkarte auf – so mit der indischen Mulligatawnysuppe, dem französischen Coq au Vin sowie den eigens getrockneten, original italienischen Tomaten und den selbst marinierten Oliven. Ab Juni veranstaltet der sympathische junge Koch zudem vor dem kleinen idyllischen Biergarten, in dem der Gast unter roten Kastanien mit Blick zum Hochfelln sitzt, südamerikanische „Asados" – das heißt Grillabende, bei denen er Spanferkel, Lamm oder Roastbeef auf dem offenen Holzkohlegrill im Ganzen zubereitet – und lässt dazu – beinahe als Kulturen vereinendes Symbol – traditionelle bayerische „Musi" mit Ziach und Hackbrett aufspielen. Für den Traunsteiner stellt Kochen eine Art Lebenseinstellung dar, die an den Respekt und die Hochachtung vor der Schöpfung gekoppelt ist. Weshalb er jeden Tag sein Bestes gibt – was seine Gäste überaus zu schätzen wissen.

Landhaus am Scharam

Landhaus am Scharam
Hotel Restaurant Café
Martin und Barbara Bachmann

Dr.-Liegl-Straße 33
83313 Siegsdorf

Telefon 0 86 62 / 6 68 76-0
Telefax 0 86 62 / 6 68 76-50
www.scharam.com

Feinschmecker, die das Besondere lieben, sollten unbedingt den Weg nach Siegsdorf antreten – denn hier kocht seit 2008 Martin Bachmann auf. Das formvollendete wie außergewöhnliche Ambiente des „Landhauses am Scharam" bietet den stimmigen exklusiven Rahmen für seine unübertrefflichen Kreationen.

Das „Landhaus am Scharam" ist in jeder Hinsicht anders. Der runde, verglaste, von formschönen Holzbalken und Granitsäulen gestützte Kuppelbau des Hauses begeistert und lässt eine ungemein lichtdurchflutete Atmosphäre entstehen. Die fein eingedeckten Tische, die von schwarzem Marmor verzierte Bar sowie der kleine gemütliche Loungebereich vermitteln eine gediegene Eleganz, die sich durch das ganze Haus sowie die sechs Gästezimmer zieht. Draußen leuchten blühende Rhododendren und an lauen Sommerabenden lockt der reizvolle mediterrane Innenhof. Das stilvolle Interieur ist insgesamt schlicht gehalten, nichts soll von den Köstlichkeiten ablenken, die Martin Bachmann in seiner Küche zelebriert. Noch bevor der Gast sich der Vielfalt seiner ständig wechselnden Karte widmen kann, serviert Barbara Bachmann in liebenswerter wie souveräner Art bereits etwas zum Naschen: knuspriges Brot, erlesene Aufstriche sowie kleine Grüße aus der Küche, die großen Appetit auf mehr machen. Zur Wahl steht ein mehrgängiges Menü, das mit Kreationen wie dem marinierten Sashimi-Thunfischfilet mit Spargel-Crevetten-Salat an Limonen-Ingwer-Marinade, einem warmen Maibockrücken-Salat in Trüffelölmarinade oder dem Steinbuttfilet auf Fenchel-Lauch-Gemüse in Safran-Dill-Sauce aufwartet. Für Neugierige sei das Vorspeisenmenü empfohlen, das auf Wunsch auch mit stimmigen Weinen serviert wird. Hier verheißen Gänseleberparfait mit eingelegten Portweinfeigen, Vitello tonnato vom gesottenen Milchkalb auf bayerische Art – da mit Saibling statt Thunfisch verfeinert –, der Salat von der gesottenen Kalbshaxe in Senf-Meerrettich-Schnittlauch-Marinade oder das marinierte Bio-Wildlachsmedaillon an warmem Spargel-Kräuter-Salat in leichter Curry-Ingwer-Sesam-Marinade höchste Gaumenfreuden. Ebenso verführen das in Limonen-Kapern-Butter gebratene Zanderfilet

oder das Schwammerl-Wirsing-Knöderl-Sauté in Kräutersauce. Wer sich lieber auf eine Sache konzentrieren möchte, kann in Spezereien wie dem Gulasch vom Milchkalb und Ochsen in Paprika-Kräuter-Sauce, dem gesottenen Kalbstafelspitz mit Schalotten-Senfkruste oder dem Ochsenrücken in Balsamico-Pfeffersauce auf Lauch-Zuckerschoten-Gemüse schwelgen. Dass die nicht minder exzellenten Petit Fours und Kuchenhäppchen, die zu Espresso und Kaffee gereicht werden, von der Hausherrin, einer gelernten Konditorin stammen, sei nur am Rande erwähnt. Die exquisiten Saucen des Martin Bachmann entzücken; in ihnen soll man die Persönlichkeit des Kochs erkennen, was bei seiner Variationenvielfalt wohl zu einem aussichtslosen Unterfangen wird. Und so bleibt uns nichts anderes übrig, als die ungemein nuancenreichen Aromen der einzelnen Komponenten – die sich im Gaumen zu einem wahren Geschmackserlebnis der außergewöhnlichen Art vereinen, nachdem sie dem Auge eine Wohltat waren – schlichtweg zu genießen.

Winterliches Reit im Winkl

Geschliffene Eleganz

Geschliffene Eleganz
Chiemsee Goldschmiede GmbH
Petra Auer

Dorfstraße 9
83242 Reit im Winkl

Telefon 0 86 40 / 79 65-21
Telefax 0 86 40 / 79 65-23
www.geschliffene-eleganz.de

Gold und Silber, Perlen und Edelsteine – wessen Herz schlägt nicht höher beim Anblick solch funkelnden Glanzes. Damit in jedem Schmuckstück auch die Persönlichkeit der Trägerin erstrahlt, fertigt die „Chiemsee Goldschmiede" exklusive Unikate von Hand in filigraner Feinarbeit und mit viel Liebe zum Detail.

Geschäftsführerin Petra Auer wartet dazu in Reit im Winkl mit einer Vielzahl an wertvollen Edelsteinen auf – mit bekannten wie Saphir und Rubin sowie mit Raritäten wie dem schimmernden Boulder-Opal oder dem mit faszinierenden Einschlüssen bestückten Rutilquarz. Ganz nach Kundenwunsch entstehen so im Priener Hauptgeschäft in der Ramonpassage in traditioneller Handarbeit und mit modernster Technik meisterliche Kunstwerke – gefasst in Gold oder Silber, verziert mit funkelnden Brillanten oder edlen Perlen. Eine geschmackvolle Auswahl an original Trachtenschmuck komplettiert das vielseitige Angebot. Wer dennoch nicht fündig wird, kann in den für zwei Personen ausgelegten Goldschmiedekursen sein ganz persönliches Schmuckstück anfertigen. Und sollte der letzte Schliff dabei nicht gelingen, legt Inhaber und Goldschmiedemeister Fritz Lutzenberger selbst noch Hand an – damit das Prunkstück in jedem Fall vollendet in geschliffener Eleganz erstrahlt.

Zum Fiaker

Zum Fiaker
Franz und Silvie Posch
Tobias Kalina, Martina Paulus

Kirchplatz 6
83242 Reit im Winkl

Telefon 0 86 40 / 79 65-90
Telefax 0 86 40 / 79 65-91
www.zumfiaker.de

Wenn sich Bayern mit Italien kulinarisch verbündet, kann das – sofern meisterlich vollbracht – nur in einem fulminanten Gaumen-Spektakel münden. Franz Posch und sein ehemaliger Adlatus Tobias Kalina wirbeln mit ihren mediterranen Kreationen die alpenländische Küchentradition auf.

Die beiden sind schon seit langem ein eingespieltes Team – der „Fiaker" in Reit im Winkl ist nicht ihre erste gemeinsame Adresse. Seit Dezember 2007 verhelfen sie dem alteingesessenen Restaurant zu neuem Glanz.

Zentral am Dorfplatz mit Blick zur Kirche gelegen, ist das sympathische Gasthaus die ideale Adresse für die gemütliche Einkehr nach dem Ski- oder Wanderspaß. Die bayerisch-mediterran gehaltenen Speisen zeichnen sich vor allem durch Frische und Qualität aus. Bei allen Ausflügen in die gehobene Küche kommt auch der Freund authentischer regionaler „Schmankerl" zu seinem Genuss. So tischen die beiden Damen des Hauses, Silvie und Martina, – adrett im Dirndl gekleidet – in zuvorkommender wie freundlicher Weise vom sauren Lüngerl mit Semmelknödel über die Lammhaxe auf grünen Bohnen bis hin zum ofenfrischen knusprigen Schweinsbraten in Dunkelbiersauce typische hiesige Kost in bester Manier auf.
Die Passion der beiden Köche ist jedoch die Zubereitung à la minute, am liebsten individuell nach Gusto und Kundenwunsch. Gerne interpretieren sie altangestammte Klassiker neu und verleihen ihnen so einen modernen Touch. Bei aller italienischen Leichtigkeit ist der Oberbayer Franz Posch dennoch ein Liebhaber der französischen Küche, was seinen Saucen die gewisse Raffinesse verleiht. Für seine hausgemachten Fonds röstet, kocht und reduziert er stundenlang Fisch, Fleisch, Geflügel und Wild. Als Souschef und Gardemanger von Haeberlin-Schülern würzt er sie eher kräftig aromatisch, drapiert sie gekonnt und lässt sie zu einer Wohltat für Auge und Gaumen werden. Seine Variation von Edelfischen fährt er in „geordneter Unordnung" an einem Spiegel aus weißer und dunkler Sauce auf. Die Rotbarbe gratiniert er mit Trüffelkäse und serviert sie mit Basilikum-Risotto. Edel sein Sal-

timbocca von der Fasanenbrust, für das er das Geflügel mit Salbei und Parmaschinken umwickelt und mit Kartoffel-Trüffel-Espuma auftischt. Auch die bayerischen Variationen der beiden Spitzenköche können sich sehen und schmecken lassen. So das Spanferkel-Karree mit Rahmsauerkraut, das sanft in Chardonnay zieht, oder der marinierte Kalbstafelspitz, der einige Stunden in Dunkelbier und Honig ruht. Für das glanzvolle Finale sorgen die köstlichen Desserts von Tobias Kalina. Ein Gedicht seine Dessert-Trilogie, die mit Cappuccino von der Esskastanie, Fruchtsuppe von Waldbeeren sowie mit Mousse au Chocolat dem Gaumen süß, kalt und fruchtig-säuerlich schmeichelt. Raffiniert und in bester bayerisch-italienischer Freundschaft kreiert ist sein Cappuccino vom Weißbier-Tiramisu.

Mit der hier zelebrierten „Ménage à trois", bei der sich bayerische Ehrlichkeit, italienische Lebensfreude und französische Eleganz vereinen, befindet sich der Gast unter der Obhut eines kulinarisch funkelnden Dreigestirns – oder eben im „Fiaker".

Unterwirtsalm

Unterwirtsalm
Manfred Diesner

Schwimmbadstraße 13
83242 Reit im Winkl

Telefon 0 86 40 / 80 14 11
Telefax 0 86 40 / 79 72 38
www.unterwirts-alm.de

Wer den Charme uriger Hütten liebt, beim Genuss aber keine Kompromisse wünscht, dem sei die „Unterwirtsalm" empfohlen. In der aus dem Jahr 1757 stammenden, originalgetreu wiederaufgebauten Südtiroler Hütte kann der Gast seit 2008 bei Manfred und Anna-Maria gemütlich einkehren und fürstlich speisen.

Der Standort der Alm könnte nicht schöner sein: Direkt am Dorflift des Hausbergs gelegen, fällt der Blick von der sonnigen Terrasse auf umliegende Berge und Wiesen. Gleich gegenüber lockt der Kurpark zu Konzerten, der Ortskern ist nur wenige Gehminuten entfernt. Prächtig empfängt uns die Alm in ihrer rustikalen Schönheit; innen begeistert sie mit ihrer gelungenen wie ungewöhnlichen Dekoration. „Almwirtin" Anna-Maria kreiert mit viel Witz und einem ausgeprägten Sinn für Ästhetik reizende Natur-Kunstwerke, die an Wänden und auf den Tischen zu finden sind – so ihre Objekte aus altem Schwemmholz, die Gestecke aus Moos, Efeu und getrockneten Blüten sowie die mit Gold und Strass verzierten „Krickerl" (Bockgehörn). Unterschiedliche Stühle, die zum Teil aus dem eigenen alten Bauerhof stammen, sowie zahlreiche Kissen, Polster und kuschelige Felle lassen ein liebenswert wie heimeliges Ambiente entstehen.

In der Küche sorgt Manfred Diesner dafür, dass sich das einsetzende Gefühl von Wohlbehagen in kulinarischer Weise fortsetzt. Seine Speisen sind italienisch interpretiert und stets frisch zubereitet. Zudem achtet der feinfühlige Hüttenwirt darauf, dass die hohe Qualität seiner Produkte auch konform mit Natur- und Tierschutzgedanken geht. Dass Tierliebe im Hause Diesner einen hohen Stellenwert hat, bemerkt der Gast zugleich beim Betreten der Hütte, wenn ihn der Jack-Russel-Terrier Willi stürmisch wie draufgängerisch begrüßt. Etwas geruhsamer lässt es die Rottweiler-Dame Fenja angehen – meist liegt sie gemütlich auf ihrem Kissen in der Ecke. Schon jetzt bemerkt der Besucher: Wir sind zu Gast bei lieben Menschen, die mit Sorgfalt und Freude ans Werke gehen. Weshalb es kaum überrascht – dafür umso mehr verblüfft –, welch feine Köstlichkeiten Manfred Diesner aus seiner kleinen Küche zaubert. Für seine Kürbis-Bruschetta dünstet er in Brunoise (sehr kleine Würfel) geschnittenen Muskatkürbis mit Speck und frischem Rosmarin in Knoblauch-Olivenöl; seine hausgemachten Ravioli, die er zum auf der Haut gebratenen Zander reicht, füllt er mit Kürbis-Ricotta, gekrönt von Salbeibutter. Seiner Lammhaxe

schickt er frittierte Kräuter und mit Schafskäse gefüllte Parmesanhippen mit auf den Weg; seinem Alm-Cordon-bleu verleiht fein geräucherter Speck und herrlich würziger Obatzda das Aroma. Dazu finden sich köstliche hausgemachte Strudel – wahlweise mit Mohn-Birne, Heidelbeere, Zwetschge oder Quark bestückt. Im Winter lädt die Hütte zum feuchtfröhlichen Après-Ski; zum Aufheizen stehen neben der stimmigen Musik auch hausgemachter Punsch und Glühwein parat.

Und so eröffnet sich dem Gast die typische Almhüttenstimmung im Tal; kann er sich in schwindelnder Höhe wähnen und auch kulinarisch den Gipfel des Genusses erreichen – ganz ohne beschwerlichen Weg. Den herzlichen Almwirten Manfred und Anna-Maria sei's gedankt.

Alles auf einen Blick

38_Adam & Eve
Exklusive Designermode
Stefan Knappe
Seestraße 6
83209 Prien am Chiemsee
Telefon 0 80 51 / 56 55
Telefax 0 80 51 / 30 93 96
info@my-adam-eve.com
www.my-adam-eve.com

41_Adam & Eve Intimo
Dessous & Mode
Anna-Maria Knappe
Seestraße 8
83209 Prien am Chiemsee
Telefon 0 80 51 / 12 02

48_Additive Bikes
Additive Sportartikel GmbH
Bernauer Straße 77
83209 Prien am Chiemsee
Telefon 0 80 51 / 9 65 76-0
Telefax 0 80 51 / 9 65 76-29
info@additive-bikes.com
www.additive-bikes.com

112_Sommerakademie Hohenaschau
Akademie für Bildende Kunst
Peggy Freifrau von Cramer-Klett
Cramer-Klett-Straße 15
83229 Aschau im Chiemgau
Telefon 0 80 52 / 7 88
Telefax 0 80 52 / 95 19 17
mail@sommerakademie-hohenaschau.de
www.sommerakademie-hohenaschau.de

50_Aktiva Medici AG
Hochfellnstraße 1
83209 Prien am Chiemsee
Telefon 0 80 51 / 96 56 88-0
Telefax 0 80 51 / 96 56 88-60
info@aktiva-medici.de
www.aktiva-medici.de

236_Hotel Gasthof Alpenblick
Reiner Fembacher
Schönblickstraße 6
83346 Bergen-Holzhausen
Telefon 0 86 61 / 3 18
Telefax 0 86 61 / 80 56
info@gasthofalpenblick.de
www.gasthofalpenblick.de

126_Gasthof Alpenrose
Lerche GbR
Kirchplatz 2
83122 Samerberg / Grainbach
Telefon 0 80 32 / 82 63
Telefax 0 80 32 / 82 63
alpenrose-samerberg@t-online.de
www.alpenrose-samerberg.de

221_Altra Moda
Peter Blösl
Taubenmarkt 7
83278 Traunstein
Telefon 08 61 / 82 25
Telefax 08 61 / 1 61 22
altramoda@t-online.de
www.altramoda.de

22_Badegalerie
Beate Gloss
Postweg 4a
83209 Prien am Chiemsee
Telefon 0 80 51 / 95 90 23
Telefax 0 80 51 / 95 90 24
bg.badegalerie@t-online.de

218_Luise Bauer
Rudi und Luise Bauer
Schaumburgerstraße 17
83278 Traunstein
Telefon 08 61 / 6 97 15
Telefax 0 86 62 / 1 29 76
luise-bauer@t-online.de
www.luise-bauer.de

130_Beim Laberger
Wolfgang und Anna Maurer
Laberg 1
83122 Samerberg
Telefon 0 80 32 / 82 94
Telefax 0 80 32 / 98 27 89
info@beimlaberger.de
www.beimlaberger.de

156_Boutiqué Beo
Marianne und Maria Stadler
Am Esbaum 8
83022 Rosenheim
Telefon 0 80 31 / 1 59 59
Telefax 0 80 31 / 38 05 95
info@beo-rosenheim.de
www.beo-rosenheim.de

30_Bindewerk
Arne Katzbichler
Osternacher Straße 56
83209 Prien am Chiemsee
Telefon 0 80 51 / 96 67 23
Telefax 0 80 51 / 96 67 26
info@bindewerk.de
www.bindewerk.de

44_Cafe Sol
Bar Lounge
Giuseppe Dell'Anna
Seestraße 7
83209 Prien am Chiemsee
Telefon 0 80 51 / 18 28
pino@cafe-sol.net
www.cafe-sol.net

228_Calla – Art of Fashion
Bahnhofstraße 16
83278 Traunstein
Telefon 08 61 / 16 57 16
Telefax 08 61 / 2 09 23 26
www.aufmodesehen.de

80_Camba Bavaria
1. Truchtlachinger Privatbrauerei
Markus Lohner
Mühlweg 2
83376 Truchtlaching
Telefon 0 86 67 / 80 94-66
Telefax 0 86 67 / 80 94-67
brauerei@cambabavaria.de
www.cambabavaria.de

94_Chiemgauhof
Christof und Sabine Imdahl
Julius-Exter-Promenade 21
83236 Übersee am Chiemsee
Telefon 0 86 42 / 89 87-0
Telefax 0 86 42 / 89 87-99
info@chiemgauhof.com
www.chiemgauhof.com

82_Chiemsee-Sports
André Weidner
Bei den Bädern 3
83339 Chieming
Telefon 0 80 51 / 9 61 65 16
Mobil 01 79 / 4 71 78 41
info@chiemsee-sports.de
www.chiemsee-sports.de

46_Chiemsee-Schirme.de GmbH
Patrizia Pfeiffer
Urschalling 5
83209 Prien am Chiemsee
Telefon 0 80 51 / 6 10-41
Telefax 0 80 51 / 6 10-47
info@chiemsee-schirme.de
www.chiemsee-schirme.de

138_D:Shoes
Deborah de Luca
Weinstraße 7
83022 Rosenheim
Telefon 0 80 31 / 40 99 09
Telefax 0 80 31 / 40 99 08
shop@dshoes.com
www.dshoes.com

114_Dogsphysio
Praxis für Hunde-Physiotherapie
Sabine Harrer
Scheibenwandstraße 3
83229 Aschau im Chiemgau
Telefon 0 80 52 / 95 64 64
Mobil 01 70 / 2 91 90 90
info@dogsphysio.de
www.dogsphysio.de

133_Fahrtwind
Peter Brodschelm
Wiesholz 1
83122 Samerberg
Telefon 0 80 32 / 89 89
Telefax 0 80 32 / 70 78 73
info@mtb-fahrtwind.de
www.mtb-fahrtwind.de

241_Geschliffene Eleganz
Chiemsee Goldschmiede GmbH
Petra Auer
Dorfstraße 9
83242 Reit im Winkl
Telefon 0 86 40 / 79 65-21
Telefax 0 86 40 / 79 65-23
info@geschliffene-eleganz.de
www.geschliffene-eleganz.de

144_Gigolo
Walter Flaschl
Ludwigsplatz 29
83022 Rosenheim
Telefon 0 80 31 / 1 43 68
Telefax 0 80 31 / 38 13 38
gigolo_ro@t-online.de
www.gigolo-fashion.de

200_Glockenwirt Amerang
Familie Peter Traubinger
Bahnhofstraße 23
83123 Amerang
Telefon 0 80 75 / 82 63
Telefax 0 80 75 / 97 99
info@glockenwirt.de
www.glockenwirt.de

86_Golfclub Chieming e. V.
Clubpräsident Georg Brüderl
Clubmanager Oliver Haller
Kötzing 1
83339 Chieming
Telefon 0 86 69 / 87 33-0
Telefax 0 86 69 / 87 33-33
info@golfchieming.de
www.golfchieming.de

214_Ristorante Grissini
Freddy Schaffer
Stadtplatz 25a
83278 Traunstein
Telefon 08 61 / 2 09 70 55

90_Groß und Klein
Kriemhild Horn
Wolferstraße 23
83236 Übersee am Chiemsee
Telefon 0 86 42 / 59 76 07
Telefax 0 86 42 / 59 76 07
gross-klein@onlinehome.de
www.gross-u-klein.de

106_Chiemgauer Schnaps Spezialitäten
Johann Guggenbichler
Oberacherting 1
83112 Frasdorf
Telefon 0 80 32 / 7 07 99 47
Telefax 0 80 32 / 7 07 99 48
info@chiemsee-edelbrand.de
www.chiemsee-edelbrand.de

42_Hacienda
Ulrich Ohliger
Seestraße 7
83209 Prien am Chiemsee
Telefon 0 80 51 / 44 48
Telefax 0 80 51 / 51 51
info@hacienda-prien.de
www.hacienda-prien.de

161_Objekt & Farbe
Stefan Haimerl
Gillitzerstraße 10
83022 Rosenheim
Telefon 0 80 31 / 23 05 20
stefanhaimerl@web.de

216_Hairgottswinkel
Sabine Berger
Höllgasse 4
83278 Traunstein
Telefon 08 61 / 2 09 71 72
www.hairgottswinkel.de

198_Naturkosmetikstudio Dalal
Marokkanisches Hammam
Marien Rassam
Lerchenweg 11
83123 Amerang
Telefon 0 80 75 / 84 69
dalal@t-online.de
www.dalal-amerang.de

73_Bootswerft Heistracher
Peter Heistracher
Frauenchiemsee 7
83256 Frauenchiemsee
Telefon 0 80 54 / 6 65
Telefax 0 80 54 / 73 92
info@heistracher.de
www.heistracher.de

206_Restaurator-Werkstatt
Josef Herzinger
Ameranger Straße 2
83119 Obing
Telefon 0 86 24 / 89 19 28

78_Herzklinik Seebruck
Markus Kahler
Römerstraße 17
83358 Seebruck
Telefon 0 86 67 / 8 86-0
Telefax 0 86 67 / 2 02
info@herzklinik-seebruck.de
www.herzklinik-seebruck.de

178_Hirzinger
Hotel Gasthof zur Post
Lorenz Hilger
Endorfer Straße 13
83083 Söllhuben
Telefon 0 80 36 / 12 66
Telefax 0 80 36 / 43 36
info@hirzinger.eu
www.hirzinger.eu

66_Hofanger – See · Restaurant · Kunst
Sabine Karadzos und Hans-Jürgen Hacker
Seestraße 6
83257 Gstadt am Chiemsee
Telefon 0 80 54 / 90 84 47
info@hofanger.de
www.hofanger.de

74_Insel-Töpferei Klampfleuthner
Georg Klampfleuthner
Frauenchiemsee 4a
83256 Frauenchiemsee
Telefon 0 80 54 / 12 33
Telefax 0 80 54 / 12 81
inseltoepferei-klampfleuthner@t-online.de
www.inseltoepferei.de

58_Jachthafen Jell-Förg
Marianne Jell-Förg
Königstraße 47
83254 Breitbrunn am Chiemsee
Telefon 0 80 54 / 3 61
Telefax 0 80 54 / 70 29
info@ferienwohnungen-am-chiemsee.de
www.ferienwohnungen-am-chiemsee.de

60_A. J. Einrichtungen
Andrea Jell
Königstraße 47
83254 Breitbrunn am Chiemsee
Telefon 0 80 54 / 90 26 62
Telefax 0 80 54 / 90 26 63
ajeinrichtungen@t-online.de
www.wohnen-mit-stoffen.de

26_Caffe Juliana
Juliane Brenner
Hochriesstraße 20
83209 Prien am Chiemsee
Telefon 0 80 51 / 96 18 98
info@julianacaffe.de
www.julianacaffe.de

110_Petra Kaufmann – Dialog mit Pferden
Donat-Osterhammer-Straße 7
83233 Bernau
Telefon 0 80 51 / 96 82 30
petra-kaufmann@online.de

172_Klinik Silima
Synthese chinesischer und westlicher Medizin
Dr. med. Fritz Friedl
Gut Spreng
83083 Riedering
Telefon 0 80 36 / 3 09-0
Telefax 0 80 36 / 3 09-2 31
info@klinik-silima.de
www.klinik-silima.de

142_Andrea Körber
Interieur · Design · Mode
Ludwigsplatz 19
83022 Rosenheim
Telefon 0 80 31 / 35 37 77
Telefax 0 80 31 / 58 98 12
design@interieur-koerber.de
www.andrea-koerber.de

183_Franz Kriechbaum GmbH
Malerfachbetrieb & Raumkonzepte
Hirnsberger Straße 38
83093 Bad Endorf-Antwort
Telefon 0 80 53 / 37 86
Telefax 0 80 53 / 34 47
info@malereikriechbaum.de
www.malereikriechbaum.de

23_Kristallgalerie-Prien
Barbara Stamm
Marktplatz 5
83209 Prien am Chiemsee
Telefon 0 80 51 / 29 03
Telefax 0 80 51 / 29 03
b.stamm@kristallgalerie-prien.de

77_Werkstätte für textiles Wohnen
Bettina Kurzeder
Ludwig-Thoma-Straße 10
83358 Seebruck
Telefon 0 86 67 / 80 97 07
Telefax 0 86 67 / 80 94 04
info@raumausstattung-kurzeder.de
www.raumausstattung-kurzeder.de

196_La Campagnola
Trattoria – Pizzeria
Bernhard Weber
Bahnhofstraße 5
83123 Amerang
Telefon 0 80 75 / 9 16 88 44
Telefax 0 80 75 / 18 59 17

238_Landhaus am Scharam
Hotel Restaurant Café
Martin und Barbara Bachmann
Dr.-Liegl-Straße 33
83313 Siegsdorf
Telefon 0 86 62 / 6 68 76-0
Telefax 0 86 62 / 6 68 76-50
kontakt@scharam.com
www.scharam.com

204_Ute Lechner
Kumpfmühle 2
83562 Rechtmehring
Telefon 0 80 76 / 97 83
Telefax 0 80 76 / 88 74 46
Mobil 01 70 / 8 04 04 05
utelechner@gmx.de
www.utelechner.de

148_Parkett Leuthe
Werner Leuthe
Grubholzer Straße 16+18
83026 Rosenheim
Telefon 0 80 31 / 90 05 84-0
Telefax 0 80 31 / 90 05 84-33
info@parkett-leuthe.de
www.parkett-leuthe.de

146_Louys Balancing Beauty
Ferdinand und Renate Louys
Innstraße 23 + Salzstadel 15
83022 Rosenheim
Telefon 0 80 31 / 3 70 45 + 44
Telefax 0 80 31 / 6 99 83
louys@balancing-beauty.de
www.balancing-beauty.de

224_Manjas
Manja Wolf-Voit
Haslacher Straße 16
83278 Traunstein
Mobil 01 60 / 94 92 31 95
info@manjas-cantina.de
www.manjas-cantina.de

108_Mitterbichl
Annemarie und Lorenz Hofstetter
Mitterbichl 1
83112 Frasdorf
Telefon 0 80 52 / 22 49
Telefax 0 80 52 / 22 49
info@mitterbichl.de
www.mitterbichl.de

184_Atelier Petra Mitterer
Edlinger Straße 45
83071 Stephanskirchen
Telefon 0 80 36 / 3 03 93 62
Telefax 0 80 36 / 3 03 93 63
petra-mitterer@t-online.de
www.petra-mitterer-atelier.com

230_Unikate aus Schwemmholz
Carmen Mühlbacher
Pfarrer-Jäger-Straße 8
83329 Otting
Telefon 0 86 81 / 13 99
schwemmholzunikate@live.de
www.schwemmholzunikate.de

32_**Hotel Neuer am See**
Café Konditorei Restaurant
Andreas Neuer
Seestraße 104
83209 Prien am Chiemsee
Telefon 0 80 51 / 6 09 96-0
Telefax 0 80 51 / 6 09 96-44
info@neuer-am-see.de
www.neuer-am-see.de

203_**Skulpturenpfad Obing**
Gemeinde Obing
Tourismusamt
Kienberger Straße 5
83119 Obing
Telefon 0 86 24 / 89 86-25
Telefax 0 86 24 / 89 86-513
rathaus@vg-obing.de
www.vg-obing.de

98_**Parker Outdoor**
Oliver Parker
Julius-Exter-Promenade 23
83236 Übersee am Chiemsee
Telefon 0 86 42 / 54 90 21
Mobil 01 76 / 20 59 96 50
info@parkeroutdoor.com
www.parkeroutdoor.com

220_**Pasta Arte**
Doris Hohlneicher
Taubenmarkt 5
83278 Traunstein
Telefon 08 61 / 1 62 62
Telefax 08 61 / 1 62 62

194_**Poidl. Feine Kost am Dorfbach**
Renate Stein
Frabertshamer Straße 1
83123 Amerang
Telefon 0 80 75 / 93 13
Telefax 0 80 75 / 14 86
r.stein@feinkost.by
www.feinkost.by

117_**Porzellanmalerei**
Atelier Brigitte Kalckbrenner
Schulstraße 21
83229 Aschau-Sachrang
Telefon 0 80 57 / 90 47 86

34_**Ärztehaus Prienamed**
Zentrum für Ganzheitsmedizin
Prof. Prof. (VR China) Dr. med.
Harald Gumbiller
Harrasser Straße 6
83209 Prien am Chiemsee
Telefon 0 80 51 / 96 55-0
Telefax 0 80 51 / 96 55-1 10
kontakt@prienamed.de
www.prienamed.de

140_**Raphael**
Marina Triltsch & Antonie Schulz
Ludwigsplatz 16
83022 Rosenheim
Telefon 0 80 31 / 3 73 68
Telefax 0 80 31 / 3 73 44
mode@raphael-shop.de
www.raphael-shop.de

152_**RoSana OHG**
Kunstmühlstraße 25
83026 Rosenheim
Telefon 0 80 31 / 9 01 09-0
Telefax 0 80 31 / 9 01 09-19
rezeption@rosana.de
www.rosana.de

160_Die Rosenkönigin
Christine Haldek
Gillitzerstraße 10
83022 Rosenheim
Telefon 0 80 31 / 9 00 84 24
christinehaldek@yahoo.de

28_Rosso
Schuhe Fashion Accessoires
Stefania Belliardo
Bernauer Straße 8
83209 Prien am Chiemsee
Telefon 0 80 51 / 10 01
Telefax 0 80 51 / 10 02
mail@rosso-prien.de
www.rosso-prien.de
www.rosso-shop.de

20_Rother´s Blumen-Paradies
Norbert Rother
Kirchenweg 1
83209 Prien am Chiemsee
Telefon 0 80 51 / 16 84
Telefax 0 80 51 / 6 30 41
info@blumen-rother.de
www.blumen-rother.de

166_Salinum – Gesundheit pur
Zentrum für Gesundheit und Prävention
Andreas Riedrich
Salinstraße 3
83022 Rosenheim
Telefon 0 80 31 / 2 21 14 02
Telefax 0 80 31 / 2 21 14 03
info@salinum.de
www.salinum.de

170_Kunstgalerie im Stall
Malschule
Aldona Sassek
Kielinger Straße 145
83071 Stephanskirchen
Telefon 0 80 36 / 89 21
info@kunstgalerie-im-stall.de
www.kunstgalerie-im-stall.de

24_Scala – Exclusive & Sport Fashion
Petra Halisch-Huber, Tanja Eder
Postweg 4a
83209 Prien am Chiemsee
Telefon 0 80 51 / 6 52 41
Telefax 0 80 51 / 95 92 33
info@scala-prien.de
www.scala-prien.de

104_Schloßwirtschaft Wildenwart
Christoph Gelder
Ludwigstraße 8
83112 Frasdorf-Wildenwart
Telefon 0 80 51 / 27 56
Telefax 0 80 51 / 6 41 93
www.schlosswirtschaft-wildenwart.de

85_Franz Schroll – Schreiner und mehr
Fehling 18
83339 Chieming
Telefon 0 86 64 / 7 51
Telefax 0 86 64 / 81 78
info@franz-schroll.de
www.franz-schroll.de

115_Weinhandel Steininger
Hans und Marianne Steininger
Rosenstraße 4
83229 Aschau im Chiemgau
Telefon 0 80 52 / 90 96 47
Telefax 0 80 52 / 9 57 09 82
weinhandel.steininger@gmail.com

158_Strehles Biokantine
Torsten Strehle
Samerstraße 12
83022 Rosenheim
Telefon 0 80 31 / 8 09 38 99
Telefax 0 80 31 / 8 09 37 84
info@strehles.com
www.strehles.com

124_Tandemfliegen.aero
Flugerlebnis Chiemgau
Ulrich und Gabi Kittelberger
Schweinsteig 2
83122 Samerberg
Telefon 0 80 32 / 98 29 42
Mobil 01 73 / 5 75 37 97
info@tandemfliegen.aero
www.tandemfliegen.aero

64_Tango Argentino
Benjamin Wronn und Claudia Plenkers-Wronn
Königstraße 35
83254 Breitbrunn am Chiemsee
Telefon 0 80 54 / 90 85 95
Mobil 01 77 / 5 33 62 50
info@tangochiemsee.de
www.tangochiemsee.de

204_Hans Thurner
Landertsham 3
83119 Obing
Telefon 0 86 24 / 89 86-13
Telefax 0 86 24 / 89 86-513
Mobil 01 70/ 3 23 33 08
hans.thurner@gmx.de
www.hansthurner.de

162_Tischlein deck dich
Schenken, wohnen & mehr
Annerose Arnold
Salinstraße 1
83022 Rosenheim
Telefon 0 80 31 / 38 01 69
Telefax 0 70 21 / 8 20 56
tischleindeckdich@gmx.de

154_Tzadé
Naturfriseur Gudrun Ruediger
Ellmaierstraße 6
83022 Rosenheim
Telefon 0 80 31 / 9 00 99 80
gudrun.ruediger@web.de
www.tzade.de

244_Unterwirtsalm
Manfred Diesner
Schwimmbadstraße 13
83242 Reit im Winkl
Telefon 0 86 40 / 80 14 11
Telefax 0 86 40 / 79 72 38
diesner@unterwirts-alm.de
www.unterwirts-alm.de

45_Verde
Ristorante Bar
Giuseppe Dell'Anna
Seestraße 41
83209 Prien am Chiemsee
Telefon 0 80 51 / 9 65 00 77
pino@verde-prien.de
www.verde-prien.de

190_Vivarium
Café Restaurant
Brigitte Buchner
Schönbrunner Straße 1
83129 Höslwang
Telefon 0 80 55 / 82 70
www.cafe-vivarium.de

62_Michaela von Treu
Immobilien und Landhauskonzepte
Rosenstraße 16
83254 Breitbrunn am Chiemsee
Telefon 0 80 54 / 90 23 96
Telefax 0 80 54 / 90 23 97
info@vontreu.com
www.vontreu.com

84_Thea Wagenhammer
Schönes für Haus und Garten
Laimgruber Straße 2
83339 Chieming
Telefon 0 86 64 / 92 85 60
Telefax 0 86 64 / 92 97 57
info@thea-wagenhammer.de
www.thea-wagenhammer.de

177_Naturkostmühle Wagenstaller
Annelie Wagenstaller
Obermühl 49
83083 Riedering
Telefon 0 80 36 / 77 20
Telefax 0 80 36 / 17 41
info@wagenstallermuehle.de
www.wagenstallermuehle.de

192_Wirth von Amerang
Bernhard Weber
Postweg 4
83123 Amerang
Telefon 0 80 75 / 18 59 18
Telefax 0 80 75 / 18 59 17
wirth-von-amerang@web.de
www.wirth-von-amerang.de

164_Wok & Wine – east meets west
Vedat Güvenir
Am Salinplatz / Bahnhofstraße 13
83022 Rosenheim
Telefon 0 80 31 / 22 09 25-0
Telefax 0 80 31 / 22 09 25-1
info@wok-and-wine.de
www.wok-and-wine.de

226_w. raum – Planung + Einrichtung
Sebastian Wagnerberger
Dipl-Ing. Innenarchitektur (FH)
83339 Chieming
Telefon 0 86 64 / 92 81 51
Mobil 01 72 / 8 91 71 95
wagnerberger@wraum.de
www.wagnerberger.de

92_Yogazentrum Chiemsee
Erika Maria van Gorkom
Ärztlich geprüfte Yogalehrerin &
Lu-Jong-Lehrerin
Mietenkamer Straße 162
83224 Grassau
Telefon 0 86 41 / 69 50 50
vangorkom@t-online.de
www.yoga-aktiv.de

242_Zum Fiaker
Franz und Silvie Posch
Tobias Kalina, Martina Paulus
Kirchplatz 6
83242 Reit im Winkl
Telefon 0 86 40 / 79 65-90
Telefax 0 86 40 / 79 65-91
zumfiaker@yahoo.de
www.zumfiaker.de

Impressum

Texte
Petra Wagner, Prien am Chiemsee
www.text-fabrik.de

Fotografie
Daniel Schvarcz, München
www.d-s-photo.com

Lektorat
Katrin Stickel, Neustadt an der Weinstraße

Herstellung
Heike Burkhart, Neustadt an der Weinstraße
Melanie Göhler, Neustadt an der Weinstraße

Gestaltung, Satz und Reproduktionen
BLASCHKE / VISION, Linsengericht
KRÖBER / VISKOM, Linsengericht
www.kroeberviskom.de

Karte
Thorsten Trantow, Kenzingen
www.trantow-atelier.de

Druck und Verarbeitung
NINO Druck GmbH, Neustadt an der Weinstraße
www.ninodruck.de

Printed in Germany
ISBN: 978-3-86528-452-5

Die Ratschläge in diesem Buch sind von den Autoren und dem Verlag sorgfältig erwogen und geprüft, dennoch kann eine Garantie nicht übernommen werden. Eine Haftung der Autoren und des Verlages für Personen-, Sach- und Vermögensschäden ist ausgeschlossen.

Besuchen Sie uns im Internet
www.umschau-buchverlag.de

Titelfotografie
Daniel Schvarcz, München
www.d-s-photo.com

Wir bedanken uns für die freundlicherweise zur Verfügung gestellten Fotos bei:
Petra Mitterer, „Rehgentin", Fotograf: Gerhard Winkler, Foto Winkler, Bad Endorf (S. 4); Bergfee – Fotolia.com (S. 15 oben); Blumen Rother (S. 21 links oben und unten); Verde – Ristorante Bar, Giuseppe Dell'Anna (S. 45); additive sportartikel gmbh, Fotograf: Michael Müller (S. 48 unten und S. 49 unten) und Fotograf: Christian Hefter (S. 49 oben); Fotograf: Elmar Kinninger / Hirzinger (S. 57 unten und S. 180); Chiemsee-Sports André Weidner (S. 82 unten und S. 83); Fotograf: Josef Niederbuchner (S. 85 Mitte); Parker Outdoor, Übersee (S. 98); Tandemfliegen.aero, Flugerlebnis Chiemgau (S. 124 unten rechts und S. 125); Louys Balancing Beauty (S. 146 unten); Achim Graf, München (S. 152 unten, S. 153 oben rechts und unten rechts); Fotoarchiv Chiemgau Thermen, Bad Endorf (S. 168); Petra Mitterer, „Der Charmeur" (S. 185); henryart – Fotolia.com (S. 187); Ute Lechner – Hans Thurner, www.utelechner.de, www.hansthurner.de (S. 205 unten rechts und links); Maleen Stacheder (S. 208 oben und S. 209); Michael Voit, www.michaelvoit.de und w.raum Plaung + Einrichtung (S. 226 unten, S. 227 oben links und unten); Michael Buchholz /mb.presse (S. 233).